CÓMO PONER A DIETA AL CANÍBAL

MARTIN SCHLAG

CÓMO PONER A DIETA AL CANÍBAL

Ética para salir de la crisis económica

EDICIONES RIALP, S. A.
MADRID

Preimpresión: produccioneditorial.com

ISBN: 978-84-321-4479-0
Depósito legal: M-176-2015
Impreso en Gohegraf, S. L., Casarrubuelos (Madrid)

ÍNDICE

1. LA CRISIS ANTROPOLÓGICA Y LA RESPUESTA DEL HUMANISMO CRISTIANO 11
1. Introducción terminológica 16
2. ¿Cómo hemos entrado en la crisis? 22
a) Una genealogía de destrucción cultural 23
b) Renovación de una teología moral de la libertad 27
3. La nueva evangelización como proceso de transformación cultural cristiana 30
a) Valores, verdad y entender 35
La verdad práctica de la dignidad humana 38
Verdad práctica y libertad 43
b) Prácticas, bien, juzgar 45
La enseñanza de las virtudes en la universidad 46
El bien común y las virtudes individuales 49
La epistemología económica y las virtudes individuales . 51
c) Instituciones, belleza, actuar 54

2. La propuesta de la Doctrina Social de la Iglesia 61
1. La impronta de la Doctrina Social de la Iglesia en la labor académica ... 61
2. El *«status quaestionis»* de la doctrina social católica... 67
a) Parte general ... 67
«La Doctrina Social de la Iglesia ha nacido para reivindicar esa "carta de ciudadanía" de la religión cristiana» (*Caritas in veritate*, 56) ... 67
«Hoy es preciso afirmar que la cuestión social se ha convertido radicalmente en una cuestión antropológica» (*Caritas in veritate*, n. 75). ... 80
«Esta es la vía institucional —también política, podríamos decir— de la caridad» (*Caritas in veritate*, n. 7) ... 81
b) Parte específica: Las tres consideraciones sobre la economía ... 87
«No crean a Max Weber» ... 87
La economía «debe ser articulada e institucionalizada éticamente» (*Caritas in veritate*, n. 36): superar la fragmentación metodológica típica de la economía moderna ... 97
«La caridad es la vía maestra de la Doctrina Social de la Iglesia» (*Caritas in veritate*, n. 2) ... 99

3. Justicia: La virtud de los poderosos ... 105
1. La justicia convierte el mero poder en autoridad ... 105
2. La sabiduría de los siglos ... 111
3. ¿Qué es la justicia? ... 115

4. El amor a los pobres. El proyecto de transformación cultural en el Papa Francisco 121
1. ¿Cuál es la intención del Papa cuando habla de pobreza? ¿Está contra la economía? ... 121
2. Las palabras del Papa Francisco a los líderes de la economía ... 129

3. La pobreza y la inclusión de los pobres en la economía 138
a) La pobreza tiene una dimensión subjetiva y una dimensión objetiva 139
b) Una pobreza laical 143

CONCLUSIÓN 147

1.
LA CRISIS ANTROPOLÓGICA Y LA RESPUESTA DEL HUMANISMO CRISTIANO

«Houston, tenemos un problema». Hoy muchos hablamos como la tripulación del Apollo 13. Casi se diría que nos expresamos como técnicos de la NASA que quieren encontrar una solución a un asteroide llamado «CRISIS». Para algunos la crisis ya ha adquirido la categoría de planeta, capaz de eclipsar al sol a juzgar por sus dimensiones y por la espesa oscuridad que origina en la vida de tantos jóvenes y familias enteras, que piden ayuda a Cáritas para comer. Hace tiempo leí que un grupo de astrónomos había «sorprendido» a un agujero negro engullendo una estrella. El universo fagocitando el propio universo... La crisis es como un gran agujero negro que se origina en la sociedad y se alimenta de sus propias estructuras. Es el gran caníbal que, después de deglutir, produce una gran llamarada, una radiación de nueva energía. Al caníbal hay que ponerle a régimen: no basta que aprenda a comer con tenedor y cuchillo sobre un plato, ¡debe cambiar definitivamente la dieta! Hay muchos caníbales: son todos aquellos —empresarios y políticos, actores individuales y colectivos, acciones y estructuras— que se aprovechan de modo parasitario del sistema. Comportarse como un parásito quiere decir que esas personas o grupos sacan provecho y ganancia, y a la vez y en el mismo acto, destruyen el sistema en el que viven.

Pero, ¿cómo se originan estos núcleos galácticos, cómo ha nacido la bestia famélica de la crisis? Son muchas las explicaciones acerca de sus causas.

Algunos afirman que es una crisis de origen exclusivamente económico, una avería puntual de una maquinaria que bastaría reparar para que el mecanismo volviese a funcionar. Sin embargo, cada vez son más los que ven la necesidad de ir más allá del recambio de una pieza, y reivindican un cambio de paradigma, una transformación de los engranajes internos de la estructura.

La crisis económica es en realidad una crisis antropológica y cultural. Lo que se ha roto aquí, el verdadero *crack* que se ha producido es el de los valores que siempre han cimentado la sociedad. ¿Acaso alguien prescribiría una crema rejuvenecedora a un paciente con infección? A continuación ofreceré algunas claves que ayuden a entender por qué las medidas curativas de tipo exclusivamente directivo —una vuelta al «Business as usual»— son insuficientes e inadecuadas para regenerar un sistema que padece una anemia en sus valores.

En primer lugar, la deuda pública y privada constituye un problema no solo económico sino moral. Ya en la Antigüedad, a aquellos que no eran capaces de devolver los préstamos, se les obligaba a servir a su acreedor o —incluso peor— a entregarle sus hijos en servidumbre. La fuerte relación entre deuda y esclavitud es una constante en la historia. La frase «El que toma prestado, siervo es del que le presta» no es de Abraham Lincoln ni de ningún otro liberal económico contemporáneo. Procede del libro de los Proverbios (*Prov* 22,7), pero ningún gurú de las finanzas en la actualidad podría resumir mejor el valor universal de no endeudarse «imprudentemente». Una cosa es el préstamo destinado a la inversión y otra muy distinta el dinero prestado que no genera riqueza, «estéril», «infructífero», que cubre agujeros y acaba convirtiéndose en un nudo que estrangula. Con este segundo tipo de préstamo uno piensa haber aplazado la catástrofe, pero en realidad está cavando a sus pies un hoyo más profundo en pobreza y desesperación.

Algunos países occidentales han acumulado deudas ingentes de más del 100% del producto nacional bruto. Pero no apuntemos con el dedo a la usura de las identidades financieras ni a la mala gestión de muchos gobiernos. Cierra la puerta de tu casa y mira qué pasa dentro. ¿Cómo ha sido gestionada la economía personal y familiar?: probablemente sin un presupuesto, sin priorizar gastos, sin ahorro y excediéndonos en las deudas. ¿Acaso no ha habido un uso indiscriminado de tarjetas de crédito y de préstamos? Para salir de la crisis económica hace falta mucha autocrítica y mucha humildad. Solo así sabremos escuchar, y podremos entonces cambiar los hábitos que han puesto en riesgo todo plan de futuro. Ante esta situación generalizada de anarquía de responsabilidades, los gobiernos no solo se muestran incapaces de disminuir la deuda sino que esta continúa aumentando. En el libro *La Historia Interminable,* Michael Ende nos habla del reino de «Fantasía». El mundo se encuentra amenazado por la «Nada», que va destruyendo todo a su paso dejando solo vacío. Esta progresa como la espiral del «déficit *spending*». Lo único que pueda salvar la tierra de fantasía y a su emperatriz es un niño humano, que le dé un nombre. Pero al pequeño le falta valor porque el cometido implica buscar la verdadera voluntad. ¿Nos falta a nosotros ese compromiso para detener a la Nada?

En segundo lugar, la economía financiera ya no está en el lugar que ocupaba, exclusivamente al servicio de la economía real. Se ha convertido en un negocio que crea una riqueza virtual y falsa. Se trata de un mercado necesario que facilita capital a quien lo necesita, pero, en algunos sectores, se ha convertido en un juego de casino. En este sentido, sí se puede afirmar que la crisis ha servido para repensar el modo de actuar financiero. Los bancos y reguladores están comenzando a hablar de una «cultura bancaria» y se han multiplicado los libros que proponen un cambio[1].

En tercer lugar, no podemos hablar de crisis económica sin referirnos a la crisis demográfica y al envite de la civilización de la muerte: en los países de la vieja Europa la población no crece, o incluso tiene una cifra decreciente. La conexión entre crecimiento económico y demográfico no es ni evidente ni automática. Podríamos decir que una nación que no crece es como una familia sin hijos. Los ingresos ciertamente se dividen entre menos personas, pero ¿no es el mañana de los propios hijos lo que nos estimula a trabajar, a expandir los negocios, a ahorrar? Los jóvenes representan la esperanza de un pueblo, también en sentido económico. ¿Cuál puede ser el porvenir de una cultura que premia el aumento de los bienes y penaliza el nacimiento de un niño? En palabras del Cardenal Schönborn, nuestras civilizaciones occidentales han dicho que no a su propio futuro tres veces: mediante el aborto, la contracepción y el matrimonio gay.

---

[1] Vease por ej. M. A. SANTORO; R. J. STRAUSS, *Wall Street Values. Business Ethics and the Global Financial Crisis*. Cambridge: Cambridge University Press, 2013.

Los aspectos morales y culturales son cruciales para la salud del sistema económico. Tal y como describe Michael Novak, el capitalismo democrático es un todo que consta de tres partes separadas pero conectadas entre sí: una economía de mercado, una organización política liberal y democrática, y un sistema moral-cultural pluralista. De estos tres sistemas o esferas de la vida (cada una con sus instituciones propias) el sistema moral es el que debe instruir a los individuos en los caminos de la libertad y la virtud. Y es precisamente esta base moral la que más está fallando.

Espero que estas líneas logren despertar el interés del lector y le permitan profundizar en algunos aspectos de suma importancia, también para la vida cristiana. Pobreza, enfermedad, paro, desigualdad y otras realidades sociales presentan a diario nuevos desafíos[2]. Y por ello, precisamente, ahora más que nunca se nos brinda la posibilidad de ganar el reino de los cielos prometido para los que dan de comer al hambriento, de beber al sediento, de vestir al desnudo (cfr. *Mt* 25, 31-46). El mandamiento nuevo «Amaos unos a otros como yo os he amado» (*Jn* 13, 34) es una llamada a la acción, a convertirnos en agentes activos que operan en la sociedad: «Os aseguro que todo lo que hagáis en favor del más pequeño de mis hermanos, a mí me lo habéis hecho» (*Mt* 25,40). A través de nuestras obras opera la misericordia de Cristo en la sociedad. ¡Somos sus manos!

Muchos se cuestionan cómo hacer compatible su asentimiento positivo a la Revelación y al Magisterio con una reflexión inteligente, seria y fundada —y por lo tanto atrayente—

---

[2] Los medios de comunicación han dado amplia difusión al ejemplo y a las palabras del Papa Francisco que subrayan ese aspecto (cfr. su exhortación apostólica *Evangelii gaudium).*

sobre el actual debate político, cultural y social. Ojalá este libro les ofrezca algo de luz y una mayor solidez en la argumentación.

El intelectual católico no crea un mundo aparte, donde protegerse de la atmósfera exterior. Al contrario, tiene el deber de hacer razonable para sus contemporáneos, tal vez no creyentes, el mensaje de salvación. Dios, a través de su autocomunicación, nos ha enseñado como hacerlo. En la Encarnación descubrimos que las palabras y los hechos se llaman entre sí y confirman de ese modo su propia autenticidad. La ética que trataremos en este libro no es una construcción hecha a medida para los cristianos: es la verdad de todo hombre, y se realiza en nuestro vivir cotidiano.

1. Introducción terminológica

La ética individual y la ética social están conectadas pero no son idénticas. Ambas se distinguen por el sujeto de la acción y por sus fines. En la ética individual el sujeto es la persona física; en la ética social, la sociedad. El fin de la ética individual es la felicidad; en la ética social es el bien común temporal, que se concreta en paz, libertad y justicia. Esos tres valores constituyen la tríada de la modernidad, recogida también en la Declaración del Concilio Vaticano II sobre la libertad religiosa *Dignitatis humanae*.

	Sujeto	**Fin**
Ética individual	Individuo	Felicidad
Ética social	Sociedad	Bien común temporal

Durante muchos siglos se ha concebido la ética social como una ética de la virtud individual, dentro de un marco preestablecido por Dios o por la tradición. Las estructuras sociales configuraban la sociedad de manera monolítica y estática: no se ponía en duda la monarquía, o los demás estamentos de la sociedad. En ese contexto se escribieron los *specula virtutum*: libros de deberes que servían como un espejo para el rey, para el príncipe, para el comerciante, para el obispo, etc. En ellos, cada estamento encontraba los deberes que había que cumplir y los vicios que debía evitar. Sin embargo, no se ponían en duda o en tela de juicio el sistema y las estructuras sociales como tales. Es decir, no se tocaba el marco dentro del cual esos deberes se aplicaban.

Desde el siglo XIX somos conscientes de que también podemos cambiar las estructuras. En consecuencia, como somos capaces de cambiar las estructuras sociales, también somos responsables de ellas. No basta ya limitarse a reflexionar sobre los deberes individuales en un marco normativo determinado, sino que se requiere una reflexión sobre ese mismo marco: las estructuras, tal como están, ¿son buenas y justificadas, o, al contrario, deben ser modificadas? Hoy en día se concibe la ética social sobre todo como una ética social estructural. Eso tiene sus peligros. Podría crearse la falsa impresión de que la sociedad es modificable de modo arbitrario, mediante una «ingeniería social» que la conforme según unas ideas políticas que no tengan en cuenta los constantes antropológicos de la libertad, de la verdad, etc. Sobre todo Friedrich August Hayek ha insistido mucho en la espontaneidad con que nace la sociedad[3]. Por eso hoy

[3] Friedrich A. HAYEK, *Law, Legislation and Liberty, vol. 2. The Mirage of Social Justice*. Chicago, London: The University of Chicago Press. 1978 (1ª ed. 1976).

en día es importante recordar que las virtudes son necesarias porque son los hábitos que constituyen el florecer natural de las personas. Las estructuras son importantes, pero también las virtudes.

Otra distinción preliminar que parece importante es aquella entre la doctrina social de la Iglesia y la ética social católica. El concepto de doctrina social de la Iglesia se refiere a las encíclicas y a los textos magisteriales publicados por los Pastores de la Iglesia (el Papa, y también las conferencias episcopales). La ética social católica, en cambio, es mucho más amplia: abarca todo lo ya dicho sobre ética social, pero no solo a la luz de la razón sino también de la fe. Sería una limitación reducir la tarea de la ética social católica a comentar textos magisteriales, que suelen tener el carácter de una respuesta a una situación concreta y no una exposición orgánica. En inglés se distinguen *catholic social teaching,* que sería la doctrina social católica, de *catholic social thought,* que en español sería el pensamiento social católico o también la teología moral social: una reflexión sobre la ética social desde el punto de vista de la fe. Trataré de hacer exactamente eso: reflexionar sobre la ética social estructural católica, partiendo de las encíclicas sociales. En este intento nos guiaremos por dos claves metodológicas proporcionadas por el mismo magisterio social. La primera proviene de la Constitución pastoral del Concilio Vaticano II *Gaudium et spes* «sobre la Iglesia en el mundo actual». En su primera nota a pie de página, parte integrante del texto conciliar, el mismo Concilio advierte que ese documento contiene elementos permanentes, como su doctrina sobre el hombre, y otros contingentes, que se refieren a circunstancias históricas mudables. Es decir, la doctrina social contiene elementes definitivos (la dignidad del hombre, la solidaridad, la subsidiaridad, por ejemplo) y otros cambiables (algunas de las aplicaciones concretas a circunstancias históricas). En realidad, esos últimos deberían ser escasos, porque el magisterio recuerda con frecuencia que su tarea no es ofrecer «soluciones técnicas»[4], sino dejar la aplicación concreta de los principios en manos de los distintos agentes sociales. Sin embargo, no es fácil para los Pastores callar ante situaciones socialmente tensas, como la crisis económica actual: darían la impresión de silencio, de abandono de sus fieles en sus apremiantes problemas sociales. Cuando el magisterio da directrices concretas en cuestiones económicas, los católicos las acogen con agradecimiento y con humildad, ejerciendo siempre su libertad, su competencia profesional y su responsabilidad civil para alcanzar los fines (expresión de los elementos definitivos y permanentes) mediante aquellos medios que estimen oportunos. Obviamente, si el magisterio excluye un cierto medio por considerarlo contrario a «los derechos fundamentales de la persona o a la salvación de las almas»[5], tal decisión vincula al católico en conciencia. Pero, en la práctica, raras veces sucede esto. Lo dicho hasta ahora concuerda con la segunda clave metodológica: la distinción gnoseológica, hecha por Pablo VI, entre «principios de reflexión, normas de juicio y directrices de acción»[6]. Como expresa la misma palabra, «principio» se refiere a una primera idea, madre y origen de otras. Es un punto de partida. En ese sentido, en la ética social católica, se refiere a las verdades de fe sobre Dios, el hombre, la creación, la moral, etc. Una norma ocupa un lugar intermedio entre el principio y la acción concreta. Presupone una concreción, pero posee un carácter general. En cambio, una directriz de acción es una

[4] Cfr. Por ejemplo, BENEDICTO XVI, Encíclica *Caritas in veritate*, 9.
[5] Concilio Vaticano II, GS 76.
[6] PABLO VI, Carta apostólica *Octogesima adveniens*, 4.

elección concreta en una situación determinada. Los principios corresponden al nivel más alto de la reflexión teológica y filosófica, a lo que el Concilio Vaticano II ha llamado *los elementos permanentes*. Constituyen las grandes verdades inmutables de la antropología cristiana en su dimensión social. Las normas sociales requieren necesariamente la mediación de una filosofía. El evangelio no es un programa político, económico o social, aplicable de manera inmediata. Eso sería una especie de «fideísmo social», donde toda la verdad estaría contenida únicamente en la revelación, sin que la razón jugase otro papel que la simple comprensión de lo revelado. Un cristiano necesita una razón formada rectamente, y por tanto una filosofía política y una filosofía económico-social correcta. No basta citar la Biblia para ser un buen político o economista... Es más: los entusiasmos religiosos, por bien motivados que estén, sin conocimientos sólidos, resultan extremadamente peligrosos. Finalmente, las directrices de acción presuponen conocer los hechos concretos, y para ello se necesita la ciencia empírica. Sin ella, tampoco se haría una buena ética social. Sin haber comprendido bien los hechos políticos, económicos, sociales, etc., la moral se convierte en un «moralismo». Un cristiano que pretende desenvolverse con acierto y vivir su fe en la vida social, debe moverse «con desenvoltura» en los tres niveles: tener una buena formación teológica sobre los principios, unas profundas convicciones filosóficas sobre su materia, y ciencia y experiencia en su actuar. En otras palabras necesita *sabiduría* (se refiere a la primera causa de lo creado), *prudencia* (la recta razón del actuar) y *arte* (las técnicas imprescindibles). El magisterio ayuda en los tres niveles, aunque de modo decreciente.

Es justo ese tema, si se me permite esa referencia, el que estudiamos en el Centro de Investigación *Markets, Culture and Ethics* de la Pontificia Universidad de la Santa Cruz. Trata de ser un puente entre la fe cristiana y la vida profesional económica, entre la tradición norteamericana y aquella europea. Investigamos las implicaciones del humanismo cristiano en la sociedad y en la economía. Personalmente me dedico principalmente a la Doctrina Social de la Iglesia, como profesor y como consultor del Pontificio Consejo para la Justicia y la Paz. Una de mis primeras impresiones al comenzar a trabajar en el órgano que elabora la Doctrina Social de la Iglesia fue comprobar qué difícil era elaborar algo válido para todos los lugares del planeta... Los problemas aquí y allá son muy distintos. En Italia, por ejemplo, a causa del exceso de reglamentación y de burocracia y del peso fiscal, resulta muy difícil mantener enderezada la espina dorsal de la economía, que es la empresa. Sobre todo la mediana y pequeña. Por eso, mi preocupación es liberar la economía de Europa de esas restricciones. Y así lo expuse, en una reunión plenaria de todos los miembros y consultores. Entonces, un sacerdote de Pakistán, país con aplastante mayoría musulmana, se levantó y nos hizo ver que el problema social en su país era la persecución religiosa: tienen que esconder a cuatrocientas familias cristianas en grave riesgo de ser asesinadas, por el mero hecho de ser cristianas. Este es su *problema social,* no la libertad de las empresas. Algo semejante ocurre en el continente americano: los problemas de América Latina son muy diferentes de los de América del Norte. Tienen otro acento, otras necesidades. Sin embargo, existen valores cristianos en los que todos estamos de acuerdo: el amor a los pobres, el deseo de justicia, de paz y de caridad.

El mundo occidental atraviesa una crisis cultural, es decir, un momento de decisión y de cruce de caminos. No soy pesimista ni acusador, solo intento analizar las luces y sombras de la situación presente. Y no estoy solo. Muchos autores han contribuido a desarrollar este trabajo. Menciono solo a Niall Ferguson, profesor de historia de Harvard, y su libro *Civilization: The West and The Rest*[7], y Roger Scruton con su ensayo *Culture Counts: Faith and Feeling in a World Besieged*[8]. Ferguson se pregunta cómo ha sido posible que la cultura occidental europea se haya difundido por todo el mundo y haya logrado alcanzar un éxito global durante los últimos cinco siglos. Para ello analiza seis elementos que han contribuido a ese éxito, por ejemplo, el libre mercado, el consumo, la técnica, etc. El último punto es la ética cristiana. Afirma que hemos ido descuidando estos seis elementos y ahora estamos en declive; y se ha propagado esa sensación de malestar en la cultura de occidente. Roger Scruton percibe una creciente tendencia a la autodestrucción en la cultura occidental, que acusa a toda cultura tradicional de ser herencia de «varones blancos y muertos».

Si la crisis del mundo actual es una crisis cultural, antropológica y ética, como creo, la pregunta es cómo salir de esa situación. Y para responder, conviene saber cómo hemos entrado, sin confundir la salida con la entrada, y sin volver a cometer los mismos fallos. A esas dos preguntas nos dedicamos ahora, empezando por la segunda.

2. ¿Cómo hemos entrado en la crisis?

En su gran narración *A Secular Age,* Charles Taylor describe el proceso de secularización que caracteriza la mo-

---

[7] Niall FERGUSON, *Civilization. The West and the Rest.* New York, London: Penguin Books, 2011.

[8] Roger SCRUTON, *Culture Counts. Faith and Feeling in a World Besieged.* New York: Encounter Books, 2007. En una línea muy semejante también Martha C. NUSSBAUM, *Not For Profit. Why Democracy Needs the Humanities,* Princeton and Oxford: Princeton University Press, 2010.

dernidad[9]. La cuestión que le intriga es cómo ha sido posible que en el año 1500 fuera prácticamente imposible no creer en Dios sin ser excluido al mismo tiempo de la sociedad humana, y que en 2000 la situación casi se haya invertido. Taylor ofrece una alternativa a la explicación más corriente, que él llama «la historia de la substracción». Esta concebía el proceso de secularización como un mero cambio de actor: lo que antes hacían personas con fe, ahora lo hacen personas sin fe, o al menos sin referencia explícita a algo transcendente. Taylor afirma que hace falta mucho más que eso para llegar a la situación actual: una profunda transformación cultural e intelectual durante siglos, llevada a cabo por pensadores, guiados por sus convicciones especulativas y morales. Lo que cambia el mundo, para bien y para mal, son las ideas, no el dinero. La economía es solo una parte de un cuadro más amplio.

a) Una genealogía de destrucción cultural

Quisiera enumerar algunos pensadores, que no dudaría en calificar como destructores de nuestra cultura. Son sembradores de dudas y sospechas, aunque de ningún modo juzgaremos sus intenciones. El primero es Karl Marx. En algunos aspectos de su diagnóstico acerca de la situación económica tenía razón; en la terapia, falla porque tiene una visión antropológica equivocada; su visión excluye la fe, excluye a Dios, al que quiere erradicar por completo de la mente humana[10]. Pretende

---

[9] Charles TAYLOR, *A Secular Age*, Harvard: Harvard University Press, 2007.

[10] Con humor fino, el actual arzobispo de Munich en Alemania, Cardenal Reinhard Marx, ha publicado un libro que ha llamado *Das Kapital,* como su tocayo británico-renano. Reinhard Marx empieza su *Das Kapital* con una ficticia carta a Karl Marx a la que remitimos al lector. Cfr. Reinhard MARX, *Das Kapital. Ein Plädoyer für den Menschen.* München: Pattloch, 2008, 11-32.

la desaparición del Estado, del derecho y de la propiedad privada. Lo que Karl Marx realmente ha destruido es la concepción de la sociedad como armonía. Sin olvidar los defectos que poseía la sociedad burguesa o comercial, esta buscaba la armonía del mutuo beneficio, de la mutua ventaja. Karl Marx no solo la rechaza sino que la destruye, consagrando como principio social la lucha de clases y concibiendo la economía de mercado como «enajenación» de la persona humana.

El siguiente que aquí se menciona es Charles Darwin, que conocemos por sus grandes investigaciones en el campo de la biología, de la botánica, de la zoología, y por el descubrimiento de la evolución de las especies. Sin embargo, también él tiene luces y sombras. Para el mismo Darwin y para muchos de sus contemporáneos, la teoría de la evolución ha destruido el último hilo que ligaba la cultura a la idea de un Dios creador. En su libro mencionado al inicio, Charles Taylor describe cómo, en la cultura del siglo XIX, se excluía ya todo tipo de intervención sobrenatural de Dios: los milagros; la encarnación; la inspiración de la Biblia; etc. Todo lo que requería un acto de fe sobrenatural se había difuminado en la cultura reinante, salvo la fe en un Creador. Fue sobre todo Darwin quien destruyó esa última conexión de la cultura con un Dios Creador. Taylor describe con qué nostalgia autores como Mathew Arnold, por ejemplo, lamentan la pérdida de Dios en sus poesías; con qué lástima ya no pueden creer en Dios y cómo se quedan como en una playa, zarandeados por las olas, perdidos; y les apena no poder creer en Dios, haberle perdido.

En la mentalidad de entonces, con el eclipse de Dios, se había perdido también el fundamento de la ética. La Ilustración, sobre todo la ética idealista de Kant, había intentado salvar los valores cristianos sin Cristo. Para desarrollar una ética en el nuevo contexto cultural e intelectual, Kant había postulado la existencia de Dios. Sin Él, la obligatoriedad de la moral no se mantiene en pie. Con la pérdida de Dios, también se pierde la moral, como formuló Dostoievski: «Sin Dios todo está permitido».

Quien lleva esta reflexión hasta sus últimas consecuencias es Friedrich Nietzsche en su «genealogía de los valores». *Genealogía* es un concepto asociado con frecuencia a la nobleza o a la aristocracia. Nietzsche lo aplica a los valores: ¿de dónde proceden? Los pone en duda. Sospecha que la ética judeocristiana, centrada en el amor, la compasión y la misericordia, en realidad es más bien una reacción de envidia de los débiles contra los fuertes. Como no pueden ser como los fuertes, los débiles enredarían a los fuertes y los atarían para inmovilizarlos mediante una «ética de los esclavos». La ética cristiana, afirma Nietzsche, es una ética que esclaviza. El filósofo alemán exige la inversión de los valores: en vez de misericordia, dureza; en vez de humildad, orgullo; en vez de obediencia, autoafirmación. Con Nietzsche la humanidad entra en la modernidad, mediante la inversión de todos los valores.

Y también, por tanto, mediante el rechazo de los valores cristianos.

Sin embargo queda un valor: la libertad. Y asociado al aprecio por la libertad, una afirmación de la interioridad del sujeto humano, de sus derechos y de su individualidad concreta.

Suelo contar la historia de la Estatua de la Libertad, no de la famosa en Nueva York, sino de otra que hay sobre el *Capitolio,* en Washington. Abraham Lincoln quiso continuar la construcción de ese imponente edificio, a pesar de los ingentes costes de la guerra civil americana. Enviaba así un mensaje claro a todo el pueblo americano: construir aquel monumento era construir la nación. En el esbozo de la estatua, el escultor había adornado la cabeza de la imagen con la gorrita frigia de los jacobinos. Estos usaban este gorro evocando por error a los esclavos romanos liberados, que tenían que llevar una señal de que eran libertos y no libres de nacimiento. Es cierto que los romanos marcaban las diferencias sociales mediante el vestido. Pero los jacobinos se equivocaban, porque la gorra propia de los libertos era un píleo (similar al solideo usado por los obispos en la actualidad). De todos modos, lo que los jacobinos querían expresar era que ya no se consideraban esclavos, sino que habían sido liberados del rey, de la monarquía, de la iglesia, de la fe, de la tradición. Que por fin eran libres. Al ver el boceto de la estatua con esta indumentaria, el gobierno americano lo rechazó de inmediato. Los americanos no habían sido nunca esclavos de nadie, sino que habían nacido libres: «*we were born free*».

Esa anécdota me parece muy característica para el espíritu moderno porque expresa el gran aprecio que existe por el valor de la libertad. Sin embargo, después de Auschwitz, tras sufrir la experiencia de ver a dónde conduce la destrucción de los valores llevada a cabo por el superhombre de Nietzsche, después de haber invertido los valores en los totalitarismos del siglo XX —sustituyendo la humildad y la compasión por la soberbia, y permitiendo que el fuerte se imponga sobre el débil—, los sembradores de la duda han sido ellos mismos puestos en duda.

Nos encontramos en una postmodernidad donde toda argumentación moral que aluda a un sentido universal (de verdad, de bien, de belleza) es rechazada sin contemplaciones. Los pensadores postmodernos rechazan los universales, afirmando que cada individuo posee su verdad, su bien y su estética. Cada uno habita en una nube, sin un cielo común que pueda reunirnos y darnos una hermenéutica común de la realidad. Ante semejante paisaje cultural, el hombre contemporáneo puede experimentar la propia libertad no como goce sino como desorientación. Una persona que está en el desierto puede ir en cualquier dirección; está libre, en el sentido de no estar ligada. Pero no percibe su situación como libertad, porque no sabe a dónde dirigirse. Una libertad que no tiene verdad, dirección, mapa, carece de sentido; y no se experimenta como libertad. En esta situación, hacen falta faros. Un faro no quita la libertad. Cuando uno está en una embarcación en el mar y hace buen tiempo, el viento es sereno y la visibilidad alta, el faro es un edificio más en la costa y ni se le presta atención. Pero, cuando está oscuro, hay tormenta y no se sabe a dónde ir, el faro es entonces la salvación, porque lleva a puerto. A nadie se le ocurriría pensar que el faro le priva de su libertad: al contrario, da sentido a la libertad. Con su luz se sabe dónde está el lugar al que se desea ir. La torre de control en un aeropuerto, que indica al piloto dónde aterrizar, tampoco le quita a este la libertad. Al contrario, le ayuda a usarla bien.

b) Renovación de una teología moral de la libertad

Esas sencillas imágenes me sirven para hablar de la renovación de la teología moral propugnada por el Concilio Vaticano II, que ayuda a superar una cierta tendencia hacia el legalismo, el minimalismo y la casuística, propios de la teología postridentina. La gran preocupación del Concilio de Trento era la santidad de los sacerdotes, que debían ser entre otras cosas buenos confesores. Ese fue el foco de atención al tratar sobre la teología moral: la confesión, los confesores. En consecuencia, la formación en este aspecto se centraba en lo que un buen confesor tenía y tiene que saber: qué es pecado grave, qué es pecado leve, qué no es pecado. Es el enfoque propio de una ética o de una teología moral de la tercera persona. La óptica es la del juez que juzga los actos de otro desde fuera: «*él* ha hecho», «*ellos* han hecho». Se habla y se juzga en la tercera persona. Como consecuencia, se separó la teología espiritual (las virtudes, la vocación a la santidad) de la moral, que quedó limitada a lo normativo: la ley, la norma, la conciencia como juez que aplica la ley al acto concreto. En cambio, como ya se dijo, las virtudes y la búsqueda de la felicidad fueron trasladadas a la teología espiritual[11].

Paralelamente, se dividió a los fieles en religiosos y seglares. Los primeros buscaban la perfección apartados del mundo, y a ellos iba dirigida la teología espiritual, con las virtudes, las bienaventuranzas, los consejos evangélicos, los dones del Espíritu Santo. En cambio, los laicos «se podían salvar» si luchaban por evitar el pecado, aunque estaban inmersos en las tentaciones del mundo. Para ellos era la teología moral. El Concilio Vaticano II se propuso cambiar ese planteamiento, proclamando la llamada universal a la santidad de todos los bautizados. En consecuencia, también deseaba una renovación de la teología moral. Partiendo de la Sagrada Escritura, la teología moral debía entonces ayudar a descubrir la grandeza de la vocación en Cristo a los laicos, que son testigos de Cristo ante el mundo. Para conseguir ese objetivo se ha redescubierto lo que se llama una moral de la *primera* persona, porque soy *yo* el que busca mi felicidad, mi vida eterna, mis virtudes. En la versión de la ética de la tercera persona, las virtudes servían como ayuda para cumplir la ley; ahora, en la ética de la primera persona, es al revés: la norma es un medio para llegar a la virtud, y por lo tanto también a la felicidad a través de la ética. En la enseñanza de la teología moral se han reincorporado, en

---

[11] Para ese desarrollo teológico es útil consultar: Servais PINCKAERS, *Las fuentes de la moral cristiana: su método, su contenido, su historia*, Pamplona: EUNSA, 1988.

un lugar prioritario, las virtudes, los dones del Espíritu Santo, las bienaventuranzas, las actitudes del Sermón de la Montaña y de la cruz, etc. También ha llevado a entender mejor lo que la Biblia revela sobre la moral. Nos ayuda a ver el Decálogo del Antiguo Testamento y las leyes divinas en general, como «Magna carta» de la libertad. Dios se dirige amorosamente a su Pueblo y le ofrece la felicidad: «Hoy te propongo que escojas entre la vida y la muerte, entre el bien y el mal» (*Dt* 30, 15). Dios propone, no impone; respeta nuestra libertad. Es más, todo el Decálogo tiene la libertad como fin expreso: «Yo soy el Señor, tu Dios, el que te libró de la esclavitud de Egipto» (*Ex* 20, 2), son las palabras que introducen los Diez Mandamientos. Es el Dios liberador que, a través de la ética, nos libera del pecado, nos lleva a la felicidad y al pleno desarrollo de todas las funcionalidades que llevamos en nuestra naturaleza. Se puede definir la ley moral natural, revelada por Dios, como las «instrucciones de uso» de nuestra naturaleza. A veces cuando compramos un aparatito, enseguida empezamos a usarlo y apretamos los botones, etc. Y acudimos a leer las instrucciones cuando ya lo hemos roto, para ver qué hemos hecho mal. Dios no nos crea así. No nos arroja al mundo sin orientación para que andemos a tientas en la oscuridad, sino que nos facilita las instrucciones para desarrollar la propia naturaleza y alcanzar así la felicidad. Dios no es un tirano que desde fuera dicta unas leyes ajenas, sino que nos hace participar en su propia ley. Nos da la libertad, y la razón mediante la cual participamos en su providencia amorosa sobre nosotros mismos. Es verdad: es Dios quien da la ley moral, pero nosotros participamos en ella con la razón y con la libertad. Somos autónomos porque encontramos la ley en el interior de nuestra libertad y de nuestro ser: la ley moral es realmente nuestra, aunque sea de Dios, como todo nuestro ser. Esa simultaneidad se llama «teonomía participada» y es el gran giro que han dado la presentación y el modo de explicar la teología moral en los últimos decenios[12].

3. La nueva evangelización como proceso de transformación cultural cristiana

Retomemos lo dicho anteriormente: en esa situación, en que el hombre postmoderno ya no encuentra la luz del faro que le permite usar bien la libertad, ¿qué propone la fe cristiana?

Antes que nada, la fe cristiana no es un programa político-económico. Tampoco lo es la Doctrina Social de la Iglesia (DSI). Juan Pablo II ha dejado claro que la DSI no es una tercera vía, una especie de programa político entre el marxismo y el capitalismo liberal[13]. En la historia no han faltado intentos, muchos de ellos con la mejor de las intenciones, de presentar la doctrina cristiana y la DSI como el programa del partido cristiano de un país. Basta pensar en la *«Democrazia Cristiana»* en Italia. Juan Pablo II definió la Doctrina Social de la Iglesia como teología, concretamente como teología moral. Sin embargo, también la fe tiene una dimensión social, y debe hacerse cultura. Es verdad que Cristo no envió a sus apóstoles a fundar una ciudad cristiana o un Estado cristiano; los envió sencillamente a ser testigos de su resurrección, testigos de que Él estaba vivo. Pero la fe, por ser creencia y por ser vivida por personas en medio del mundo que tienen relaciones sociales, tiene necesariamente una dimensión social. Si la fe no se hace cultura no es una fe viva. Cultura es el conjunto de elementos que configuran la vida social, y estos elementos varían en el espacio y en el tiempo. No existe solo una cultura, sino una

[12] Cfr. JUAN PABLO II, Encíclica *Veritatis splendor*, 1993, n. 41.

[13] Vease JUAN PABLO II, Encíclica *Sollicitudo rei socialis*, 1987, n. 41.

multitud de legítimas expresiones culturales. Tampoco existe solo una cultura cristiana, sino muchas. Entre los elementos que configuran la vida social, podemos distinguir tres: técnicos, simbólicos e institucionales[14].

Los elementos *técnicos* son los conocimientos científicos, los aparatos, las posibilidades de la técnica que distinguen una época de la otra. *Simbólicos* son todos los comportamientos o signos que dan acceso a una cultura. Por ejemplo: la lengua, los cantos, el modo de vestir, la comida, los símbolos en sentido estricto (la bandera, por ejemplo). Son como la llave para entrar en una cultura. Y finalmente los elementos *institucionales,* que no son solo las instituciones en sentido jurídico, sino todos los comportamientos estandarizados. Así, cuando le ofrecemos la mano a alguien, entiende que le queremos saludar. Si no tuviésemos esa cultura, el gesto sería incomprensible. Cada cultura tiene sus propias *instituciones.*

Hacer hincapié en la cultura y afirmar que todas ellas varían de acuerdo a los elementos mencionados, podría equivocadamente inducir a un cierto relativismo. Es verdad que no hay una sola cultura, pero también hay que tener en cuenta que la cultura no es la medida del hombre: es el hombre y la mujer —y su dignidad humana— la medida de la cultura. Desgraciadamente, en cualquier cultura, al lado de tantos elementos buenos y positivos, descubrimos también los negativos, el pecado. Encontramos incluso elementos diabólicos, que destruyen la imagen de Dios en el hombre (egoísmo, dureza de corazón, avaricia, aborto, eutanasia, etc.). Ante semejante situación, un

---

[14] Vease Pontificio Consejo para la Justicia y la Paz, *Compendio de la Doctrina Social de la Iglesia,* n. 554-562; Pontificio Consejo para la Justicia y la Paz, *Dizionario di Dottrina Sociale della Chiesa,* Roma: LAS, voz «cultura», 167-174.

cristiano reacciona con un doble impulso: afirma y ama la propia cultura y, motivado por ese mismo amor, desea purificarla de los efectos del pecado. Es justo lo que hace falta hoy en día: un proceso de transformación cultural que purifique la cultura de los elementos pecaminosos que hay en ella.

Lo que la fe cristiana produce en la sociedad, y la Iglesia quiere favorecer, es el proceso de inculturación de la fe. La fe presupone y requiere una cultura en las coordenadas de la modernidad. La cultura moderna se caracteriza por ser reflexiva, es decir, es consciente de ser cultura. Esa disposición a la reflexión permite reconocer que ciertas injusticias sociales son una construcción cultural, no un resultado necesario de una diferencia natural. Puede servir como ejemplo la relación entre varón y mujer. Hasta hace unas décadas se justificaban algunas desigualdades entre los derechos del hombre y de la mujer como algo «natural». Por ejemplo, en algunos países la mujer necesitaba el permiso escrito de su marido para trabajar fuera del hogar. Hoy en día, sabemos que esas discriminaciones son un constructo cultural: reconocemos la diferencia entre naturaleza y cultura. Mucho de lo que juzgamos «natural», como por ejemplo la capacidad humana de hablar, es cierto que tiene su base en la naturaleza humana, pero es esencialmente un logro cultural. Un niño abandonado por sus padres que crece en la selva sin contacto humano, es decir sin el efecto civilizador de la vida social, no solo no habla sino que pierde la capacidad de aprender a hablar. Probablemente, santo Tomás diría hoy en día que *«gratia supponit, sanat et perficit culturam»,* en vez de *«naturam»*. Al mismo tiempo, en las circunstancias actuales de crisis, el proceso de inculturización es más bien una transformación cultural que purifica las culturas occidentales, enraizadas en la fe cristiana, de aquellos elementos de pecado que las afean y distorsionan. Pablo VI, Juan Pablo II y sus sucesores han llamado a ese empeño «nueva evangelización». Nueva evangelización quiere decir transformación cultural; y, en ese proceso, no basta predicar valores, no basta decir lo que habría que hacer, sino que requiere más: requiere combinar una serie de factores.

En este sentido, hay dos propuestas que me parecen especialmente sugerentes. La primera la desarrolla Hans Joas en su libro *La sacralidad de la persona, una nueva genealogía de los derechos humanos*[15]. La otra es de Aleksandr Solzhenitsyn, en su famoso discurso al recibir el premio Nobel de Literatura[16].

Hans Joas analiza las diversas genealogías que se han dado sobre el origen de los derechos humanos. Rechaza las dos tesis más corrientes. La primera busca su fundamento en la Ilustración: después de siglos de oscurantismo, algunos ilustrados encaminan a la humanidad hacia la tierra prometida. Joas afirma que semejante tesis no es creíble porque muchos elementos que configuran el Estado moderno y su respeto a la persona ya existían anteriormente. Joas estudia a continuación la conocida tesis de Georg Jellinek, según la cual los derechos humanos son la consecuencia de la reforma protestante; y el primer derecho humano, la libertad de conciencia[17]. Sin embargo, Joas tampoco acepta la narración contraria, la cristiana. La caricaturiza un poco: esta tesis cristiana considera los derechos humanos como algo que se deduce casi automáticamente

---

[15] Hans JOAS, *Die Sakralität der Person. Eine neue Genealogie der Menschenrechte*, Berlín: Suhrkamp, 2011.

[16] Disponible en: http://www.nobelprize.org/nobel_prizes/literature/laureates/1970/solzhenitsyn-lecture.html. Véase también Robert ROYAL, «Christian Humanism in a Postmodern Age», en Gregory WOLFE (ed.), *The New Religious Humanists. A Reader*, New York: The Free Press, 1997, 87-103.

[17] Georg JELLINEK, *Die Erklärung der Menschen- und Bürgerrechte: Ein Betrag zur Modernen Verfassungsgeschichte*, tercera edición póstuma, 1919, reimpresión, VDM Dr. Müller, Saarbrücken, 2006.

del cristianismo. A Joas esto no le parece creíble, porque ha estado presente 1800 o 1900 años sin que estos derechos se formularan, así que es difícil concebir esta formulación como un desarrollo necesario.

De una tradición nada sale automáticamente, sino que es una combinación de *valores, prácticas e instituciones.* Su tesis es que los derechos humanos son una consecuencia de la conciencia de la sacralidad de la persona, y esta sacralidad es una transformación cultural de los conceptos cristianos de la imagen de Dios y de la inmortalidad del alma. Ciertamente, también ese modo de presentar la evolución parece ser una variante de la narración cristiana de la historia de los derechos humanos, pero tal vez resulte más aceptable a una posición secularista en ese ropaje conceptual.

El enfoque del gran disidente soviético Aleksandr Solzhenitsyn, que pasó tantos años en el campo de concentración y en las cárceles, se concentra en los transcendentales. En su discurso exclama que, para hablar ante el mundo libre, no solo ha tenido que subir los cuatro escalones del podio. En el pasado, había tenido que subir docenas, cientos, miles de escalones de frío y oscuridad en las cárceles y en el «*Gulag*», y que estaba allí en representación de tantos otros, más dignos que él y con más talento literario, pero que se habían quedado por el camino. Lo que propone Solzhenitsyn al mundo occidental es redescubrir los tres trascendentales (o universales) del *verum, bonum, pulchrum* (verdad, bien y belleza). Omite aquel universal que suele enumerarse primero, el *unum,* porque ya en el concepto de universal está contenido el concepto de *unum: uni-vers-al, unum versus alia*, un concepto que se aplica a otros. Solzhenitsyn dice que la verdad, el bien y la belleza son como tres árboles que con sus coronas cubren toda la sociedad, toda la vida humana, dan sombra y paz a toda vida humana. Al ver, hace unos meses, la reforestación en el campus de la Universidad de Piura en Perú, en medio del desierto, entendí cuánto bien hace un árbol. El desafío es conseguir una reforestación global con estos trascendentales de la verdad, del bien y de la belleza.

Mi propia propuesta es combinar esos dos enfoques que acabo de esbozar: valores, prácticas e instituciones, con verdad, bien y belleza; añadiría una tercera estructura (*entender, juzgar, actuar*) que está en la base de la Constitución pastoral *Gaudium et spes* del Concilio Vaticano II sobre la Iglesia en el mundo contemporáneo. La combinación quedaría así configurada:

Valores	Verdad	Ver y Entender
Prácticas	Bien	Juzgar
Instituciones	Belleza	Actuar

a) Valores, verdad y entender

Empecemos con la primera línea: valores, verdad y entender. La vida es difícil, no la recibimos gratis, notamos cuánto cuesta. Tenemos altos y bajos; tenemos períodos en que las cosas nos cuestan; tenemos reveses y sufrimientos, y la gente sufre mucho. En una situación así necesitamos esperanza; sin esperanza no nos mantenemos en el camino, no acometemos las dificultades; la esperanza es el motor del movimiento, sin ella nos quedamos paralizados. La esperanza necesita la verdad. Pienso que todos tenemos la experiencia de habernos fiado alguna vez de alguien o de algo y, cuando hemos querido apoyarnos, se desvanece como el humo. Qué doloroso es eso. Para evitar que eso suceda, la esperanza necesita verdad. Aleksandr Solzhenitsyn, al final de su discurso, cita un refrán ruso: «Una palabra verdadera pesa más que todo el mundo». Después de decenios de mentira y de engaño en el sistema soviético, marxista y comunista, conocía bien el valor de la verdad.

En Viena vivió durante sus años en el exilio y hasta su muerte, el cardenal József Mindszenty. Un amigo mío, conocido corresponsal, llevó una vez a algunos estudiantes a conocer al cardenal Mindszenty para que aprendieran de primera mano lo que significaba el comunismo. Finalizadas las presentaciones, los universitarios se esperaban un discurso, pero el cardenal se limitó a decir: «Los comunistas siempre mienten. El comunismo es mentira». Es lo que él había experimentado: falsas promesas.

La misma experiencia sintió Aleksandr Solzhenitsyn, que engendró en él un irreprimible deseo de encontrar una palabra verdadera en la que apoyarse. En la Biblia disponemos de una palabra hebrea que guarda una sorprendente correlación con ese deseo, tan humano, y se usa para referirse a la verdad: *emet.* El origen parece aludir a la buena calidad de una cantimplora que no pierde el agua. En el desierto, este pequeño objeto constituye el hilo que nos ata a la vida, es la salvación. Y no debe perder el agua. De lo contrario, uno está perdido. La calidad de una buena cantimplora que no pierde agua es *emet*, es verdadera: nos podemos fiar. Verdad es fiabilidad.

En la Biblia hebrea la palabra «verdad» no es algo abstracto, sino que es siempre relacional. Se refiere a alguien que me dice la verdad, y yo me fío de él. Por eso, cuando Pilato preguntó al Señor ¿*Qué* es la verdad?, formula una pregunta típicamente helenística y pagana. Un judío hubiera preguntado: ¿De *quién* me puedo fiar para saber qué es la verdad? *Emet* es el sello de Dios, Dios da su sello a lo que dice. En ese sentido, cuando en los Salmos, por ejemplo, se reza: «Tu Ley es verdad» (S. 119,142) y «todos tus mandamientos son verdad» (S. 119,151), se trata de un juego de palabras porque el verbo *halak* —«caminar»— también se usa para referirse a la acción moral. Basta imaginarse al pueblo nómada de Israel en busca del camino «verdadero» a través del desierto, para sobrevivir. Conocer el camino es como seguir una buena ley que protege a los débiles y limita el uso del poder político y económico de los poderosos. Los caminos y las leyes de Dios son fiables, nos podemos fiar de Él, que nos guiará al oasis a través del desierto de la vida presente.

La verdad, así entendida, es también un valor, una verdad práctica. El concepto de verdad práctica es rechazado por el positivismo jurídico, sobre todo por la escuela de Hans Kelsen. En mis estudios de derecho en Viena, desde la primera lección, se nos inculcaba la crítica de la «falacia naturalística», formulada por George Moore sobre la base de la distinción realizada por David Hume entre ser y «deber ser» *(is-ought gap):* no se debe deducir un deber de un ser. El hecho de que una cosa es no quiere decir que debe ser así. El deber es objeto de la ética y del derecho que, según el positivismo jurídico, estudia los contenidos de los actos de voluntad del legislador. El ser, en cambio, es objeto de la ciencia que estudia los hechos como son. Como consecuencia de esa distinción banal, los positivistas rechazan el derecho natural porque, según ellos, en él se deduce un deber de un ser. Y no es así. La persona humana conoce y reconoce el deber en una experiencia originaria moral, situada en la razón práctica. El resultado de la reflexión sobre esa experiencia la llamamos «derecho natural». Personalmente tuve una experiencia de ese tipo, y pienso que todos podríamos contar episodios similares.

Hace años trabajé en un club juvenil, y teníamos que comprar un minibús para llevar a los chavales a los campamentos y a las excursiones. Obviamente no teníamos dinero, y tuvimos que pedirlo a los padres de los chicos y a otras personas durante un año. Cuando al fin habíamos reunido la suma necesaria, compramos el minibús, hicimos una gran fiesta, lo bendijimos y lo usamos para una primera excursión con gran alegría. A la semana nos lo robaron. En ese momento comprendí qué es el derecho natural. Es la injusticia, que no es necesario que nadie te explique, porque sentimos ante ella una rebelión natural que nos hace gritar: «¡Esto no debe ser!». Y sucede ante un robo, ante un asesinato, e incluso ante tragedias de la naturaleza. Pero cuando es una acción libre de una persona, sabemos que procede de su libre voluntad como persona responsable y, por tanto, ese acto es imputable: por eso lo llamamos un mal moral. Es un acto moralmente malo, un pecado que es y no debería ser. Todos esos juicios no los deducimos del ser, sino que son fruto de un conocimiento de la razón práctica que juzga originariamente en un orden normativo. La ética y las normas son el resultado de una reflexión sobre nuestros juicios de la razón práctica, que son espontáneos. Reflexionando sobre estos juicios llegamos a las proposiciones generales, que son las normas[18].

La verdad práctica de la dignidad humana

En ese sentido, se puede hablar de una verdad práctica, fruto de un acto de conocimiento de la razón práctica, y no solo de un acto de la voluntad. A pesar de haber sido arrinconada en algunos sectores de la filosofía del derecho, la verdad práctica es un concepto muy importante para fundamentar

---

[18] Cfr. Ángel RODRÍGUEZ LUÑO, *Ética general,* Pamplona: EUNSA, 2006.

la ética y el derecho. ¿Cuál es, entonces, la verdad práctica que el humanismo cristiano ofrece al mundo? La fe cristiana ofrece al mundo muchas riquezas, pero sobre todo ofrece la verdad práctica sobre la dignidad humana como principio fundamental. Es la aportación más importante del «humanismo cristiano» a la vida del mundo, y una preocupación central de la Iglesia. Cuando la Sede Apostólica pidió a los obispos del mundo y a representantes de algunas instituciones de la Iglesia, dictámenes y pareceres sobre el posible contenido del futuro Concilio Vaticano II, el Cardenal Wojtyła propuso que el Concilio tendría que ocuparse directamente del humanismo cristiano[19]. Así se hizo en los documentos del Concilio, poniendo en el centro a la persona humana y su felicidad, que viene de Dios y de su Verbo encarnado por el Espíritu Santo. Por lo tanto, el giro antropológico que la Iglesia católica hizo en el Concilio Vaticano II ciertamente ha metido al hombre en el centro, pero es un giro antropológico teocéntrico y cristocéntrico. Es Cristo quien revela el hombre al hombre, y la criatura sin el creador se desvanece[20]. Son las dos frases de la *Gaudium et spes*, que dejan ver mejor la intención del Concilio: no se trata de un mero humanismo que dejaría a la criatura sin Dios, sino que cuenta con un fuerte acento teocéntrico y cristocéntrico. En Dios, el ser humano, la cultura humana y todas las actividades para construir el mundo encuentran su plena humanidad.

Lo que el humanismo cristiano ofrece al mundo es ese principio de la «humanidad humana» que expresamos en el

---

[19] El humanismo cristiano, así como se entiende en estas líneas, es la aportación de la fe cristiana a la felicidad humana ya aquí en la tierra, no solo en el más allá. Sobre la contribución del Cardenal Wojtyła al Concilio véase George WEIGEL, *Biografía de Juan Pablo II, testigo de esperanza,* Barcelona: Plaza y Janés, 1999.

[20] Véase GS, n. 22 y 36.

ámbito social con el concepto de dignidad. La dignidad humana como principio social es una aportación originaria de la fe cristiana. Podría parecer una afirmación pretenciosa. ¿No existe acaso este concepto de dignidad humana también en otras culturas extrabíblicas? De hecho, sí existe. En la filosofía confuciana hay un concepto de dignidad humana, y en el helenismo también. Platón, en el diálogo *Teeteto,* escribe que el filósofo debe huir del mundo y, por la filosofía, hacerse semejante a Dios[21]. Usa el concepto de *«homoiosis theo»* (semejanza a Dios), como en *Gen* 1, 26-28. Más tarde, los estoicos —Cicerón y Seneca, por ejemplo— se refieren al hombre como a un «dios mortal», porque mediante las virtudes y la razón nos hacemos semejantes a Dios. Los padres de la Iglesia ciertamente se quedaron influenciados de la filosofía neoplatónica y estoica[22].

Entonces, ¿no es pretensión decir que el humanismo cristiano ofrece a la sociedad el principio de la dignidad humana como medida y regla de la cultura? No, al contrario: Podemos afirmar que, al menos en la cultura occidental, el concepto de dignidad humana es una contribución de la fe cristiana. No proviene de la filosofía helenística porque esta era para élites, para quienes podían ocuparse de la filosofía, un 1% de ricos que no tenían necesidad de trabajar y disponían de tiempo para dedicarse a cuestiones de ese tipo. Sus ideas filosóficas quedaron encerradas en pequeños ámbitos, sin la difusión cultural que tuvo después la predicación cristiana. Tampoco proviene directamente de la fe judía, aunque encontramos su base al inicio del Génesis, cuando Dios creó al hombre y a la

---

[21] Cfr. PLATÓN, Diálogo *Teeteto*, 176 B.

[22] Me permito remitir a mi propio libro *La dignità dell'uomo come principio sociale. Il contributo della fede cristiana allo Stato secolare*, Roma: Edusc, 2013.

mujer como imagen de Dios (*Gen* 1, 26-28). Es una expresión muy fuerte, que en hebreo es *«dselem»* (imagen) y *«demut»* (semejanza). *«Dselem»* es la palabra que se utiliza para significar la estatua o también el ídolo. Dios crea al hombre y la mujer como su estatua. Para los antiguos, la estatua o el ídolo no era solo una imagen o una pintura de dios, sino que hacía presente al dios. Por eso se sacrificaba al ídolo, que, en el contexto religioso de entonces, era el mismo dios. Por eso en el Antiguo Testamento se prohibía cualquier representación de un dios, de un hombre o de un animal, con el fin de evitar cualquier infección de politeísmo a través de las costumbres y convicciones de los pueblos circundantes, y conservar así la fe pura en el verdadero, único e invisible Dios Yahveh.

Se prohíbe cualquier estatua de Dios, excepto una, que Dios hace de sí mismo: el ser humano. Cuando la Biblia usa la expresión «*dselem* de Dios» para el hombre y la mujer, está diciendo que cualquier hombre o mujer hace presente al mismo Dios, es representante de Dios. Además, la Biblia usa un recurso frecuente en la mitología dinástica real de Babilonia y Egipto: el faraón de Egipto y el rey de Babilonia eran considerados «imagen de Dios»; pero solo ellos, los demás hombres no. En los mitos de creación de los pueblos circundantes de Israel, los hombres eran vistos como esclavos de los dioses, excepto el rey y los demás señores. La revelación bíblica sobre el hombre es esencialmente diferente: Dios no lo crea como esclavo, sino como el señor del universo, llamado a señorear sobre todo lo demás. Y, cualquier hombre, cualquier mujer es imagen de Dios, como lo es el faraón. El mensaje bíblico es la democratización, o mejor dicho, la universalización de la realeza para todos, más absoluta que ha habido.

Sin embargo sorprende que esta joya antropológica de *Gen* 1, 26-28 quede engastada al inicio de la Biblia, sin llevar a término toda su potencialidad. La religión judía del Antiguo Testamento no llegó a desarrollar la idea de la imagen de Dios en el hombre. En el resto de la Biblia hebrea se subraya más bien la caducidad del hombre mediante imágenes, como el viento que pasa, la hierba que se marchita, el humo, una sombra, etc. Quien tiene dignidad y majestad es Dios. De hecho, solo encontramos de nuevo el concepto de imagen de Dios en la Biblia griega (las partes del Antiguo Testamento escritas o transmitidas en griego), concretamente en el libro de la Sabiduría y en el Eclesiástico[23]. Fueron los Padres de la Iglesia quienes descubrieron la potencialidad social del concepto y lo convirtieron en dinamita para el orden social pagano. Fue un movimiento al unísono en Oriente y Occidente, entre los Padres latinos y griegos. Tertuliano en Occidente y Teófilo de Antioquía en Oriente recogen el concepto de imagen de Dios transmitido en el Génesis, y lo conectan con el concepto de *dignitas* (*axioma* en griego), que no es un concepto bíblico sino un concepto del imaginario social colectivo pagano. El concepto social de *dignitas* en el mundo latino hacía referencia a la elevada posición social que tenía una persona que había actuado con proeza y con valentía, con virtud masculina y con virilidad para adquirir méritos. Esos méritos fueron reconocidos con *dignitas* social, fin último del romano y del griego que vivían y morían para tener *dignitas* (axioma o doxa). Los Padres cristianos enseñaron que es Dios quien regala la *dignitas* gratuitamente, y así invirtieron el orden: no valía ya la secuencia pagana *virtus, meritum, dignitas,* sino la cristiana *dignitas, virtus, meritum.* Porque tenemos *dignitas* debemos tener *virtus* y comportarnos de acuerdo a la dignidad regalada. De ese modo gozaremos de *meritum.* La dignidad del hombre exige de

[23] *Sab* 2, 23; *Sir* 17, 3.

nosotros un comportamiento a la altura del plan original de Dios para nosotros. En otras palabras, nos espolea a vivir como hijos de Dios. Dignidad expresa un concepto elevado, que podríamos llamar «cima» del pleno desarrollo de la naturaleza humana.

Asimismo, todos los Padres conocen también un concepto «base» de dignidad, que se corresponde a la que garantizan hoy en día las Declaraciones de derechos humanos y las Constituciones modernas en sus catálogos de derechos. Es ese mínimo de dignidad que nadie puede perder, ni siquiera el criminal o el que viola su propia dignidad mediante el pecado. Los Padres han invertido el orden social del mundo pagano, extendiendo el derecho al respeto a todos y a cada uno de los seres humanos. Podemos realmente afirmar que la dignidad del hombre y de la mujer es un concepto auténticamente cristiano, que ha aportado una importante verdad práctica a la cultura humana.

Verdad práctica y libertad

En ese contexto, con frecuencia surge la pregunta sobre la compatibilidad entre verdad y libertad. Ofrecer una verdad práctica a otros, ¿no es acaso una amenaza a la libertad, aunque no se imponga con la fuerza? ¿No es incluso más insidioso el intento si se hace con medios suaves?

Joseph Ratzinger afronta esa crítica, ya formulada por Jan Assmann[24]. La crítica se dirige contra el monoteísmo. Según Assmann, la intolerancia habría entrado en el mundo con el monoteísmo, porque, en un sistema politeísta, cada

---

[24] Véase Joseph RATZINGER, *Glaube, Wahrheit, Toleranz. Das Christentum und die Weltreligionen,* Freiburg, Basel, Wien: Herder, 2004, 170-186. Existe una traducción al castellano: *Fe, verdad y tolerancia*, Salamanca: Sígueme, 2005.

uno tendría su dios supremo, su valor último. El politeísmo parece erigir un sistema pluralista multicultural absolutamente tolerante. Con Moisés, al contrario, irrumpiría la convicción de que solo había un Dios, Yahveh, y todos los demás dioses no eran nada. De hecho, la fe monoteísta mosaica no toleraba y no tolera la pluralidad de dioses y de valores últimos. Ratzinger, en cambio, hace ver que ya los filósofos neoplatónicos del siglo IV y V usaban el mismo argumento contra la fe cristiana. Emblemática es la *Relatio Tertia* de Símaco: el partido pagano que había quedado en el Senado romano del siglo IV, cuyo portavoz era Símaco, quiso reponer la estatua de la diosa Victoria en el aula del Senado. Cada senador, al entrar, tenía que ofrecer tres granos de incienso a esa estatua, que el emperador cristiano Graciano había hecho quitar. Con la intronización del joven emperador Teodosio, el partido pagano pensaba que había llegado su momento, y Símaco, en la *Relatio Tertia,* pide a Teodosio la restauración del culto pagano. Usa argumentos que suenan modernos: todos vivimos bajo el mismo cielo, todos vemos las mismas estrellas pero nadie puede explicar las maravillas de la naturaleza. Del mismo modo, todos vivimos bajo una única divinidad, pero el misterio de Dios es demasiado grande para que haya un único camino hacia él. Sin embargo, no se detiene Símaco con esas cuestiones teóricas, y pide financiación de los cultos paganos por parte del Imperio romano. San Ambrosio, Arzobispo de Milán, entonces capital del Imperio, defiende la posición cristiana, diciendo que poner la estatua de Victoria y obligar a todos los senadores a ofrecerle incienso significaría violar la libertad de conciencia de los senadores cristianos, que no podían rendirle culto. Además, los cristianos no recibían pago alguno del Imperio para sus sacerdotes y vírgenes. Fue el argumento de san Ambrosio que prevaleció ante el emperador.

Más específicamente, sobre el argumento de que el misterio de Dios era demasiado grande para que hubiese solo un camino hacia él, Ratzinger recuerda que los neoplatónicos dejaban el politeísmo al pueblo rudo y no formado; en cambio, ellos mismos, los filósofos, elegían el camino hacia el Uno. Para Platón y los platónicos, el Uno era el valor más alto, y coincidía con la verdad. De ese modo, por el camino de la filosofía llegaron de nuevo al mismo resultado que la religión monoteísta judeo-cristiana: solo hay una verdad, y esa unicidad de la verdad es inevitable. Pero hay una importante diferencia: en la revelación cristiana esa única verdad se identifica con el amor. Por lo tanto, esa verdad revelada —que es el amor— no es una amenaza para la libertad y, por ser amor, no puede ser intolerante. Desgraciadamente, a veces, los cristianos no han sido fieles a la esencia de la fe; y el Papa Juan Pablo II ha pedido perdón a Dios y al mundo por los pecados cometidos por los cristianos (no por la Iglesia, porque la Iglesia es Esposa de Cristo), especialmente por los pecados contra la libertad de conciencia, porque la fe no se debe y no se puede imponer con la violencia.

La verdad de la revelación cristiana no amenaza la libertad. Si el cristiano difunde la verdad práctica de la dignidad humana no corta la libertad de nadie, no impone nada.

b) Prácticas, bien, juzgar

La verdad práctica entra en la sociedad a través de las prácticas, es decir, por las virtudes. Los meros valores son teoría, no vida. Los valores entran en la vida «empaquetados» en virtudes.

La virtud tiene varias dimensiones. No es simplemente un hábito bueno adquirido a través de la repetición de actos buenos. Una virtud posee una triple dimensión cognitiva, operativa y afectiva; la virtud nos permite conocer la verdad práctica. Dice Aristóteles que solo el prudente sabe lo que es prudente. Sabemos lo que es bueno por connaturalidad. Por ejemplo, se pueden dar varias conferencias sobre la virtud de la castidad, pero una persona casta por connaturalidad sabe qué es ser casto en el comportamiento. Además, la virtud tiene una dimensión operativa, es decir, el hábito adquirido permite hacer lo que se reconoce como bien. Es una fuerza práctica, no solo cognitiva. Pero queda un tercer aspecto, desconocido para Kant. Para él solo había una única virtud, la virtud de la fortaleza, que llevaba a cumplir el propio deber. En Kant era inconcebible la tercera dimensión de la virtud que es la facilidad, e incluso el placer que se experimenta al hacer el bien. Ciertamente, se llega a semejante condición después de muchos años de esfuerzo y de vencimiento, pero aun cuando hacer el bien resulta fácil no deja por ello de ser meritorio. Cuanto más fácil se vuelve un acto a raíz de un virtud adquirida, tanto más meritorio es.

En la sección anterior hablamos de los valores o de la verdad práctica, fruto, como toda la ética, de la reflexión sobre los juicios de la razón práctica. No todos pueden, no todos quieren hacer esta reflexión especulativa sobre los juicios de su razón práctica. Y tampoco es necesario, porque los valores se pueden transmitir también de otros modos: por las virtudes enraizadas en la cultura y por la educación impartida en su seno. Experiencia moral inmediata, reflexión y cultura son tres fuentes conectadas entre sí acerca del conocimiento moral.

La enseñanza de las virtudes en la universidad

El último panel en el Congreso *«Free Markets with Solidarity and Sustainability: Facing the Challenge»*, organizado por el Centro de investigación *Markets, Culture and Ethics* junto con la *Catholic University of America* (octubre 2012), estaba dedicado a la identidad cristiana en la educación universitaria, en concreto en la formación económica. La pregunta era qué constituía la identidad cristiana en una *business school* (escuela de negocios), cuya misión fundamental es enseñar a sus alumnos a tener éxito en el mundo de los negocios. En todo el mundo, las *business schools* se han visto obligadas a reaccionar ante la acusación de haber formado en sus aulas a quienes causaron la crisis financiera y económica. Han revisado sus currículos incluyendo la ética, no sin dificultades. Existen dos grandes modelos: uno que pide a los profesores de las materias técnicas (*marketing, finance, governance,* etc.) que traten e incluyan los aspectos éticos en sus materias. En algunas escuelas de negocios, los profesores o profesoras se han negado, afirmando que exigiría dejar de enseñar su asignatura: la ética les parecía incompatible con el éxito profesional, una especie de límite o un freno. El otro modelo es prever clases específicas sobre ética empresarial. El riesgo en este caso es presentar la ética de un modo relativista. Acaban siendo, más que clases de conducta ética, historia de modelos éticos del pasado, donde cada uno puede elegir el modelo que más se adapta a sus gustos. Al final, la impresión que queda en el estudiante es que puede hacer lo que quiera, siempre y cuando lo justifique con algún autor o sistema.

Probablemente, lo más sensato es combinar ambas concepciones: que cada profesor enseñe la ética al tiempo que enseña su asignatura específica, y que haya además un profesor o un departamento especializado en ética, que pueda además asesorar a los colegas, porque no es nada fácil resolver los dilemas éticos que plantea la vida social actual. De todos modos, es importante que en la educación universitaria se transmitan virtudes.

Pero, ¿cómo? Es una cuestión de largo recorrido. Obviamente no somos socráticos, que decían que basta conocer el bien para hacerlo. Se necesita más, se necesita el ejemplo, la compañía, etc., porque aprendemos por imitación. Y sobre todo se necesita amistad, entendida como compartir un bien conocido por ambos: un intercambio consciente de bienes. Siguiendo a Aristóteles y a santo Tomás, podemos afirmar que la amistad verdadera y auténtica en el fondo solo es posible entre personas virtuosas. La amistad verdadera es la de *benevolencia,* en la que el amigo es querido por sí mismo. Se distingue de la amistad de *utilidad,* en la que el otro es querido en cuanto es útil, y deja de ser querido en el momento en que la utilidad cesa; y de la amistad de *placer,* que se basa en la mutua complacencia que los amigos se producen. También este tipo de amistad termina al finalizar el placer. En la amistad de benevolencia, en cambio, el amigo se hace el centro, en torno al cual todo lo propio gira. El bien del otro se convierte en bien para uno mismo, y el mal del otro en un mal propio[25].

Esa es la amistad de benevolencia o la amistad de amor; por eso se dice que el amor es excéntrico, que está fuera de sí. Un enamorado parece «chiflado», loco, y lo es: está fuera de sí, en el amado (en la amada). Es un ex-céntrico: su centro está fuera, en el otro. Y por eso también el amor es un misterio. Si pudiésemos explicar por qué amamos, no amaríamos de verdad. Porque el amor no calcula. Si se le preguntara: «¿Por qué la amas?» y la respuesta fuera «porque es rubia», o «porque es guapa», o «porque es inteligente y fuerte, etc.», esas respuestas serían más bien expresión de una cierta inseguridad o confusión, porque en realidad, ante la pregunta sobre las causas

---

[25] Benedicto XVI ha escrito páginas preciosas sobre el amor divino y humano en su encíclica *Deus caritas est.*

del amor no se puede responder con cualidades. Estas se encuentran también en otras personas, y quizás en mayor grado. No amamos a una persona por sus cualidades, sino *porque sí*, porque nos da la gana entregarnos a ella. En realidad no hay respuesta a la pregunta por el porqué de la entrega. Y es que el amor verdadero es un misterio. San Bernardo lo formuló de modo cristalino: amo porque amo, amo para amar. El Espíritu Santo, que es el Amor, en ese sentido también es un misterio. Se podría decir que es la Persona Divina con más misterio: sabemos que Dios está loco por nosotros, que está fuera de sí por amor a su criatura, hasta tal punto que se comunica, se entrega a sí mismo para estar en nosotros.

Volvamos a la educación en las virtudes. La transmisión del bien personal y de la felicidad de la vida virtuosa tiene lugar en esa comunión de vida que es la amistad de entrega, de amor y de benevolencia. La amistad es el «líquido» en el que se comunica y se comparte el bien. En la educación, el desafío es hacerse amigo de los alumnos. Ese me parece el camino para transmitir prácticas virtuosas.

El bien común y las virtudes individuales

Podría parecer que semejantes reflexiones perteneciesen más bien a la teología espiritual, o incluso a la predicación, y no a la ética social que estudia la ordenación de la sociedad al bien común temporal. En la ética social, el sujeto de la acción es la sociedad, es decir, un colectivo. El fin hacia el cual debe mirar la acción o la organización colectiva es el bien común temporal. Este en la modernidad se define por la tríada de paz, libertad y justicia. En cuanto tal, la ética social se diferencia en su aspecto formal y en su contenido de la ética individual. Un ejemplo: la crisis financiera y económica ciertamente fue causada, entre otras razones, por la avaricia; pero la ética social no se limita a condenar ese vicio, sino aspira a individuar las reglas y a lograr que el sistema funcione, a pesar de que la gente siga siendo avariciosa hasta el fin de los tiempos. Es una utopía pensar que llegará un momento en que todos seremos virtuosos. Tampoco hace falta ir tan lejos como Kant, que exigía un sistema tan fuerte que funcionara incluso en una «república de diablos», donde todos fueran malintencionados. En semejante república, a pesar de la malicia de los individuos que la componen, el sistema social tendría que incluir y combinar las energías de los individuos malos de tal modo que al final, a pesar de todo, venciese el bien común. Ese planteamiento ciertamente es exagerado: la virtud individual es de gran provecho para la sociedad. Sin esas virtudes surge el fenómeno del oportunismo que, de modo parasitario, vive de los demás. Algunas personas viajan siempre sin pagar y sin contribuir al bien común. Esa actitud acaba agotando la sociedad.

En la modernidad se concibe el bien común como las reglas formales de convivencia que se desprenden de la siguiente lógica: ya que no conseguimos ponernos de acuerdo sobre lo que es moralmente bueno, al menos no nos matemos y vivamos en paz. Sin embargo, una sociedad no puede sobrevivir sin un núcleo de valores compartidos en libertad. La sociedad no debe y no puede prescribir todos los valores o fines comunes, pero sí debe haber un núcleo de valores. En este sentido, el bien común es una multiplicación, no una suma. Entender el bien común como una suma es como decir que sumamos los bienes individuales y la suma se llama bien común. En una adición, uno de los sumandos puede ser cero y el resultado no cambia; en cambio, en una multiplicación, si un factor es cero, todo el resultado, aunque hubiera miles de factores muy grandes, es cero. Es decir, no basta que haya meras reglas de convivencia que permitan a cada uno perseguir su propia felicidad: debe haber algo que indique, aunque sea mínimamente, qué es el hombre y en qué consiste su felicidad.

La epistemología económica y las virtudes individuales

Lo que vale para la sociedad en general, es aplicable también a la investigación científica y a la epistemología económica. Las ciencias naturales y sociales modernas se han formado durante un proceso de emancipación de la teología y de la filosofía, llamado secularización. Es un proceso que, en general, caracteriza la modernidad: esta, por tanto, es el resultado de un proceso de emancipación o de secularización. Es fácil ver que ese desarrollo no ha sido posible sin tensiones, y todavía hay preguntas sin contestar sobre la relación entre las ciencias y la ética. El Concilio Vaticano II ha ofrecido una guía maestra al hablar de una autonomía relativa de las realidades seculares: ninguna ciencia y ningún sector puede reclamar el monopolio sobre los demás, y en todo caso permanece siempre bajo la dependencia del Creador. Cualquier actuación humana está sometida, no solo a las leyes de su ámbito respectivo, sino, en primer lugar, a la ley moral de Dios. Una anécdota podría servir de ejemplo.

Después del congreso en Washington mencionado anteriormente, visité la Universidad de Chicago, donde me habían invitado a impartir una conferencia sobre ética y economía. Se dio la coincidencia de que tenía lugar en la misma aula donde dictaba sus cursos Milton Friedman. Allí había pronunciado la famosa frase: «*The business of business is business*». Friedman quería así expresar la función social del libre mercado, cuando este funciona bien: las empresas que emplean bien los recursos escasos lograrán una ganancia y podrán continuar con su actividad. En cambio, las que despilfarran los recursos, dañando al bien común, son eliminadas por la competencia en el libre mercado y quiebran. Sin embargo, esa frase se puede entender también en otro sentido: como una invitación a excluir las preocupaciones éticas o sociales en el día a día del empresario, algo que no podemos aceptar. Hace años me impresionó una frase de Platón, en el segundo libro de sus *Leyes*, que sigue una formulación semejante a la de Friedman pero en sentido inverso: Platón amenazaría incluso con la pena de muerte (algo impensable y rechazado hoy en día) a quien dijese: «Los negocios son los negocios y no tienen nada que ver con la justicia»[26]. Uno de los estudiantes presentes en la conferencia me preguntó, qué tenía que ver la ética con la epistemología económica, es decir con la metodología científica de la economía empírica. Para él era claro el papel de la ética en el actuar de una persona que trabaja en la economía: tratándose de acciones libres, estas se deben regir por normas éticas, independientemente del ámbito concreto en el cual se ejercen. Su pregunta se refería exclusivamente a la epistemología de la ciencia de la economía. Traté de explicarlo con un ejemplo real, pero con los números cambiados. Un productor de coches producía un millón de coches al año y tenía un control de seguridad y calidad de los coches muy estricto. A pesar de eso, cincuenta personas al año morían a causa de averías técnicas en los coches producidos por su fábrica. Por cada uno de los cincuenta muertos, tenía que pagar una indemnización de doscientos mil dólares, en total diez millones al año. El productor echó sus cálculos, y concluyó que bastaba añadir diez dólares al coste de cada coche, para que las cuentas fueran rentables. Diez dólares por cada vida: un cálculo perfectamente

[26] PLATÓN, *Leyes*, II, 662 C.

válido, económicamente necesario, que no quiere decir que el productor tase una vida por diez dólares. Son sencillamente costes que debe tener en cuenta. Sin embargo, ¿qué pasó en la realidad? El productor de coches se dio cuenta de que el control de calidad era muy costoso. Suprimiéndolo aumentaría el número de muertos, pero aun pagando más indemnización seguiría siendo más barato eso que el control de calidad. Decidió prescindir del control de calidad. Las familias de las víctimas lo demandaron, pero el tribunal le dio la razón, afirmando que esa era una decisión económicamente correcta, y la ética no influía. Afortunadamente, el tribunal de apelación dio la razón a las familias.

El influjo de la ética en la epistemología económica se refiere por tanto a los fines. Según Lionel Robbins, la economía como ciencia estudia el uso de recursos escasos para alcanzar fines intercambiables, como si para la economía los fines fueran indiferentes. De hecho, en una sociedad libre, los fines en general son dejados al libre albedrío de los individuos. No se prescribe el modo en que cada uno debe hacerse feliz ni el contenido de esa felicidad. Sin embargo, ciertos fines son incompatibles con la dignidad humana y por lo tanto no deben ser un fin para el que se empleen los recursos escasos. En consecuencia, tampoco los estudia la economía. Los fines contrarios a la dignidad humana son excluidos de la economía por su propia epistemología. Se puede decir que la ética se sobrepone e influye en la economía científica con un efecto humanizador. Por ejemplo, en una facultad de economía no se estudia ni se enseña el narcotráfico. Aunque mueva mucho dinero, no lo consideramos economía, sino una práctica criminal. Volviendo al ejemplo del productor de coches: hay cuestiones que son epistemológicamente económicas, como el cálculo del coste por cada fallecimiento, y otras donde se solapan ética y economía. Su decisión de poner en peligro vidas humanas para aumentar las ganancias era contraria a la dignidad humana. Una vida humana no tiene precio, posee una dignidad inconmensurable.

Como ya quedó dicho, en la actuación libre del hombre en la economía o en la política, la ética lo abarca todo. En la epistemología, la ética tiene solo un papel orientador o correctivo: excluye ciertos fines del estudio científico por ser contrarios a la dignidad humana. En cambio, cuando se trata del actuar en la ciencia aplicada, es decir cuando se empieza a negociar, a producir, a vender —en una palabra: cuando se afecta a otras personas—, no existe decisión económica donde la ética quede excluida. Esta lo abarca todo.

Es algo bien sabido que, cuando se empezó a enseñar *management,* Chester Irving Barnard (1886-1961), por ejemplo, uno de sus pioneros, subrayaba que se necesitaban no solo técnicas económicas y conocimientos, sino también virtudes. El buen liderazgo presupone convicciones éticas profundas y prácticas virtuosas para crear la confianza y la autoridad necesarias. Hasta hace poco, esa sabiduría se había puesto entre paréntesis. En cambio ahora se va más allá del mero *transactional leadership,* es decir, de un liderazgo limitado a conseguir objetivos, que trata a los empleados como recursos humanos. Se habla más bien de *transformational leadership,* que motiva y arrastra. Incluso se acuñan los términos *servant leadership,* propio del que sirve humildemente desde una posición de mando, y *virtuous leadership,* que hace referencia a un liderazgo ejercitado a través de las virtudes.

c) Instituciones, belleza, actuar

La nueva evangelización es un proceso de transformación y purificación cultural, y consiste en una combinación de valores, prácticas e instituciones. Como hemos visto, no bastan los valores, hacen falta también las prácticas. Sin embargo, por importantes que sean, no son suficientes ni los valores ni las prácticas: hacen falta las instituciones. Los valores no se pueden practicar viviendo aisladamente y de un modo solitario, solo se pueden desarrollar en las instituciones sociales que construimos juntos. Por ejemplo, podemos vivir la libertad en una universidad que construimos con los demás en un ambiente de libertad y de las otras virtudes.

¿Por qué hemos unido instituciones y belleza en el título de esta sección? ¿Qué tiene que ver el actuar con la belleza? En definitiva, ¿qué es la belleza? Yo me lo explico con una flor. Una flor bella no sirve para nada; no es un medio para alcanzar algo, sino un fin: es simplemente bella. Una flor buena, en cambio, es una flor que puedo comer, que me nutre, que es medicinal. Pero una flor bonita no la como: la dejo ahí, la admiro, embellece la vida.

O un violín: un buen violín es un instrumento con el que puedo hacer una buena música. Sirve como medio, pero no tiene que ser necesariamente un violín bonito, puede estar algo rayado, o haber perdido el brillo bajo una película de polvo. En cambio, un violín bello es un violín que resplandece, que está bien pintado, con una forma agradable.

En esos ejemplos intuimos la esencia de la belleza. La razón de ser, la esencia de la belleza, es el resplandor de la causalidad final. Algunas verdades prácticas resplandecen de modo especial, entrando en mi horizonte cognoscitivo como finalidad. La belleza es el esplendor de la causalidad final. Y el amor de ágape, es decir, de donación y de entrega, reconoce en el amado un fin, la propia finalidad. El amor da belleza a la persona. El *eros* ama porque es bello, pero el *ágape* da belleza porque da causalidad final a la otra persona.

Reconocer en cualquier persona humana, también en la antipática, en la de trato difícil, e incluso en el enemigo, un acreedor de mi amor, alguien a quien yo doy belleza por considerarla causa final para mí, es algo que supera las posibilidades y las fuerzas meramente humanas. Por eso la doctrina cristiana enseña que la caridad es un don infuso que otorga Dios.

En consecuencia, solo si conseguimos meter la caridad en las instituciones las hacemos bellas. De lo contrario, se vuelven opresivas, feas y duras. Eso es lo que pedía Benedicto XVI en su encíclica *Caritas in veritate.* Lo que escribe es un auténtico desafío, y así lo llama:

«El gran desafío que tenemos (...) es mostrar (...) que en las *relaciones mercantiles* el *principio de gratuidad* y la lógica del don, como expresiones de fraternidad, pueden y deben *tener espacio en la actividad económica ordinaria*. Esto es una exigencia del hombre en el momento actual, pero también de la razón económica misma. Una exigencia de la caridad y de la verdad al mismo tiempo» (n. 36).

Antes había escrito, en el mismo documento: «Esta es la vía institucional —también política, podríamos decir— de la caridad» (n. 7).

Semejante terminología suscita perplejidad, especialmente entre los economistas. ¿Cómo se podría vivir la caridad, la gratuidad o la fraternidad, la lógica del don, etc., en un contexto de competición, donde o se gana o se quiebra? Lo que dice el Papa necesita una explicación terminológica, que desarrollaremos más adelante. Baste por ahora el desafío de que la caridad es un principio no solo para las micro-relaciones, propias de la familia y de la amistad, sino también de las macro-relaciones originadas en la economía y en la política. Ese desafío no conoce receta sencilla. La fe cristiana y la caridad rompen los esquemas. Personalmente, he de decir que hay una cita de san Josemaría que me ha servido de gran ayuda:

«Convenceos de que únicamente con la justicia no resolveréis nunca los grandes problemas de la humanidad. Cuando se hace justicia a secas, no os extrañéis si la gente se queda herida: pide mucho más la dignidad del hombre, que es hijo de Dios. La caridad ha de ir dentro y al lado, porque lo dulcifica todo, lo deifica»[27].

Con eso san Josemaría afirma que la dignidad humana es más fruto de la caridad que de la justicia, y pienso que tiene razón. Reconocer en el otro, aunque sea un criminal o mi enemigo, siempre y en todas las circunstancias, la imagen de Dios, al menos lo suficiente para que no pueda humillarlo, es más que lo que la justicia exige. El Papa Francisco subraya la misma convicción cuando habla de los pobres y sitúa el amor hacia ellos en el centro.

«La Iglesia siempre ha estado presente en los lugares donde se elabora la cultura. Pero el primer paso es siempre la prioridad a los pobres. No obstante, también debemos ir a las fronteras del intelecto, de la cultura, en la altura del diálogo, del diálogo que hace la paz, del diálogo intelectual, del diálogo razonable. ¡El Evangelio es para todos! Esto de ir a los pobres no significa que tengamos que hacernos "pauperistas" o una especie de "mendigos espirituales". No, no, no significa esto. Significa que debemos ir hacia la carne de Jesús que sufre, pero también sufre la carne de Jesús de aquellos que no lo conocen con su estudio, con su inteligencia, con su cultura. ¡Debemos ir allí! Por ello me gusta usar la expresión "ir a las periferias", las periferias existenciales. A todos, a todos ellos, desde la pobreza física y real a la pobreza intelectual, que es

---

[27] Josemaría ESCRIVÁ, *Amigos de Dios,* Rialp, Madrid, 2002, n. 172.

real también. Todas las periferias, todos los cruces de caminos: ir ahí. Y ahí sembrar la semilla del Evangelio con la palabra y con el testimonio»[28].

La caridad es la parte más importante de la transformación cultural llevada a cabo por la nueva evangelización. La fe solo es creíble por la caridad, y la caridad cristiana empieza por el amor a los pobres. También los paganos aman a los ricos. No hace falta la ayuda de la gracia para amar a quien nos da de comer, nos llena de regalos y nos trata bien. Ya lo dice el Señor:

«Porque si amáis a quienes os aman, ¿qué recompensa tendréis? ¡Eso lo hacen también los recaudadores de impuestos! Y si saludáis únicamente a los que os tratan bien, ¿qué hacéis de extraordinario? ¡Eso lo hacen también los paganos! Vosotros, pues, sed perfectos, como es perfecto vuestro Padre celestial» (*Mt* 5, 46-48).

Amar a los que no nos dan nada, sino que más bien nos piden, eso es lo difícil; por eso la cultura *cristiana* empieza con el amor a los pobres. En este esfuerzo, también debemos ir a las fronteras del intelecto, de la cultura, en la altura del diálogo, del diálogo que hace la paz, del diálogo intelectual, razonable. Una universidad es un lugar ideal para afrontar y combatir la pobreza del intelecto y de la cultura, siempre teniendo claro que el primer amor es el amor a los pobres, a los que no nos dan. Entonces, la caridad será lo que realmente distingue a la fe cristiana: solo ella define a Dios como amor. Otras religiones le ven como el justo, o el misericordioso, pero solo la religión cristiana define a Dios como amor. Eso es lo que debería distinguir a los cristianos, y tantas veces nos quedamos cortos. La caridad de Cristo no se deja encuadrar, atrapar o meter en una cajita, sino que rompe los esquemas y

---

[28] Papa Francisco, Discurso 17 de junio de 2013.

las estructuras humanas. Por eso Henri de Lubac llama a Cristo «el gran perturbador»[29], porque nos despierta del cómodo sueño, de las costumbres que tenemos, y desequilibra los equilibrios que hemos hecho los hombres, para hacernos descubrir las nuevas injusticias que hay que combatir. La fe cristiana es como fermento, y los cristianos somos «*prophetic shock minorities*», dice Jacques Maritain[30], minorías proféticas que, con un poco de «susto», haremos esa buena revolución del amor, de paz y de diálogo que nos pide la fe cristiana.

---

[29] Henri DE LUBAC, *The Drama of Atheist Humanism*, San Francisco: Ignatius Press, 1995 (original, *Le Drame de l'humanisme athée,* París, 1944), 14.

[30] Jacques MARITAIN, *Man and the State*, edited by Richard O'Sullivan, London: Hollis & Carter, 1954, 126-133.

2.
LA PROPUESTA DE LA DOCTRINA SOCIAL DE LA IGLESIA

1. La impronta de la Doctrina Social de la Iglesia en la labor académica

Después de haber desarrollado de modo sistemático la superación de la crisis antropológica actual mediante un proceso de transformación cultural, ocupémonos directamente de la Doctrina Social de la Iglesia. Quisiera brevemente describir las posiciones de la teología moral social católica en los ambientes que personalmente conozco (Alemania y Estados Unidos), partiendo de mi experiencia vivencial. Una vez hecho eso, ofreceremos una visión de conjunto sobre las enseñanzas de Benedicto XVI al respecto.

En Alemania, y eso vale más o menos para toda Europa, la teología moral social está dividida en dos grandes grupos. Uno tiende a seguir al magisterio, recibe las encíclicas sin espíritu crítico, las comenta, etc. Concretamente en Alemania ese grupo suele ser una minoría, más bien de gente ya mayor.

El otro grupo de teólogos dicen de sí mismos que hacen una «teología diversa». Todos los años, en febrero, los profesores de ética social de lengua alemana nos reunimos en Berlín. En una de esas ocasiones, un profesor amigo mío dio una conferencia basada en la Biblia, en los Padres de la Iglesia, concretamente en san Agustín, y en las encíclicas. Otro profesor, de la corriente mayoritaria, muy cortés y amable, comentó que él tenía poco que decir al respecto, porque ellos hacen otro tipo de teología. ¿Cuáles son las causas de semejante disparidad de planteamiento? Si acudimos a las causas remotas, podemos descubrirlas en el malestar de la teología moral, y concretamente de la teología moral social, previa al Concilio Vaticano II. En algunos ambientes teológicos, se enseñaba la moral de modo filosófico, tendencialmente estoico, sin dar la debida importancia a la revelación. Se echaba en falta la fuerza de la Biblia y el gran respiro del misterio. El Concilio Vaticano II quiso renovar la teología moral basándola en la Sagrada Escritura y enfocándola en la llamada a la santidad de todos los cristianos, que deben dar frutos de caridad para la vida del mundo. Sin embargo, después del Concilio, el concepto que ocupó el centro fue el de los «signos de los tiempos». En el ámbito magisterial, es Juan XXIII quien usa por primera vez ese concepto, en la encíclica *Pacem in terris,* refiriéndose a los derechos humanos, la democracia, la reivindicación de los derechos de la mujer, etc. Se trata de un desafío actual tan importante que la fe se quedaría inactiva si no les diera una respuesta. A la vez, son una señal positiva del desarrollo cultural, pues muchos de ellos van en la línea de lo que la Iglesia ha difundido y sembrado. En un «signo de los tiempos», lo presente se convierte en una presencia inquietante de algo mayor.

En el ámbito de la teología, Marie-Dominique Chenu trató de desarrollarlo más. Siendo tomista, quiso subrayar la importancia de la historia. También Joseph Ratzinger compartía ese deseo. Su tesis de *Habilitation* se encontraba en el centro del debate. Durante su defensa apenas pudo hablar, porque su *Doktorvater* (prof. Gottlieb Söhngen) y otro profesor en el tribunal de tesis (prof. Michael Schmaus) empezaron a discutir[1]. Así representaron paradigmáticamente las dos grandes posiciones de la teología que había entonces. Schmaus representaba la posición tradicionalista, que se basaba en Francisco Suárez. Este concebía la revelación como la comunicación de proposiciones verdaderas universalmente válidas y metahistóricas. En esa visión no tenía mucho interés indagar en el desarrollo del dogma, sino en el dogma en sí: Dios es trino, y punto. Cristo se ha encarnado, y punto. Esas verdades son universalmente válidas para todos. El modo de reaccionar contra esa postura fue subrayar la historia: la revelación no es solo la comunicación de ideas universalmente válidas, sino que tiene lugar en una historia de la salvación, en la que Dios va comunicándose de modo creciente, pero sobre todo se comunica a sí mismo. La revelación es la progresiva autodonación de Dios que culmina en Cristo. Los hombres, por su parte, comprenden esas verdades también de modo progresivo, bajo la guía del Espíritu Santo, siempre activo en los pastores y en los fieles cristianos. El grupo tradicionalista, por decirlo así, quería, al contrario, la verdad sin historia. Había adoptado una posición extrema. Sus opositores no tardaron mucho en ser también extremos, y absolutizar la historia sin verdad perenne y universal[2]. Todas las enseñanzas católicas defendidas en un cierto momento serían

---

[1] Cfr. Pablo BLANCO SARTO, *Benedicto XVI. El Papa alemán*, Barcelona: Planeta Testimonio, 2010, 146-150.

[2] Cfr. Tracey ROWLAND, *Ratzinger's Faith. The Theology of Pope Benedict XVI*, Oxford: Oxford University Press, 2008, 2-29.

provisionales, en camino hacia su completo desarrollo. En ese contexto, «los signos de los tiempos» asumían una dimensión conflictiva y crítica. Lo que la pluma de Juan XXIII advertía como fenómenos que exigen una respuesta por parte de la fe, de modo que esta sería incompleta si eludiese ese encuentro, se transformó en una identificación entre esos «signos de los tiempos» y algunos eventos socio-históricos. Como Dios se revelaba en la historia, también hoy en día manifiestaría su voluntad en los eventos. El evento político o el evento social sería en sí mismo una revelación, al mismo nivel que la palabra de Dios revelada. Eso no quiere decir que se identifiquen poder político o estructuras y Dios. Al contrario, es el hecho social injusto contra el que la Iglesia debería usar su potencial profético al servicio del pueblo y de los pobres. Chenu llegó a decir que el signo de los tiempos de su época por excelencia era el socialismo.

Johann Baptist Metz, por ejemplo, publicó en 1968 su *Teología del mundo,* en la que criticaba la Doctrina Social de la Iglesia antes del Concilio Vaticano II al justificar el poder establecido y el *status quo* social por medio del derecho natural. Lo que debería hacer la Iglesia ahora, decía Metz, es ponerse del lado de los oprimidos y criticar el poder establecido. Como instrumento de análisis social, propuso la escuela de Frankfurt, que era neo-marxista. Con posturas que basculaban hacia la teología de la liberación, la expresión «doctrina social católica» cayó en desuso también en la teología académica. Se hablaba más bien del pensamiento social, hasta llegar a identificar la Doctrina Social de la Iglesia con la ciencia social[3]. Quien

---

[3] Cfr. Paul J. CORDES, *Paradigm Shift in the Social Doctrine of the Church: From Rerum Novarum (1891) to Caritas in Veritate (2009),* en Martin SCHLAG; Juan Andrés MERCADO (eds.), *Free Markets and the Culture of Common Good,* Heidelberg, New York, Berlín: Springer, 2012, 83-92.

consiguió darle la vuelta a esa situación fue Juan Pablo II, sobre todo en su discurso ante la CELAM en Puebla, en 1979. Allí habló explícitamente de «Doctrina Social de la Iglesia», y reafirmó que la Iglesia tiene una doctrina social. Durante todo su pontificado mantuvo esa convicción, y la desarrolló siempre más. Le ayudó su humanismo cristo-céntrico, que define a Cristo como revelador de lo que es el hombre. Él libera al hombre de ser un mero elemento en una sociedad, una máquina, y le confiere una gran dignidad. Sin embargo, a pesar de las enseñanzas de Juan Pablo II, la mayoría de los profesores de ética social católica de lengua alemana se inclina por el método empírico, y tiende hacia la teología de la liberación.

En Estados Unidos, en cuanto a la teología académica, la situación es semejante. Sin embargo, querría recordar que la doctrina social católica es muy poco conocida en la América anglo-americana: realmente es un secreto muy bien guardado. Daré tres ejemplos.

Michael Sandel, influyente profesor de la Universidad de Harvard, publicó en 2012 el libro *What Money Can't Buy. The Moral Limits of Markets*[4]. Ya que usa un método que podríamos llamar aristotélico, parte siempre de casos concretos que hacen la lectura entretenida y animada. Lo que me impresionó es que Sandel habla de la importancia del don y de la gratuidad en la economía. Quien lo ha leído, enseguida reconoce la encíclica *Caritas in veritate.* Sin embargo, Sandel parece desconocer por completo la existencia de la doctrina social católica en general, y de la encíclica en especial, porque ni la cita.

El segundo ejemplo es un artículo de Michael Porter, profesor de la misma universidad que Sandel y gurú de estrategia

[4] New York: Farrar, Straus and Giroux, 2012.

económica, y de su colega Mark Kramer, publicado en 2011[5]. El texto, que ha tenido amplio eco en todo el mundo, se propone reinventar el capitalismo con el fin de desencadenar una onda de creatividad e innovación. Expresa su idea en el mismo título: *Creating Shared Value.* En síntesis, es la siguiente: hemos opuesto política y economía demasiado tiempo. Hemos de caer en la cuenta de que no basta crear solo ganancia; hay que crear valor, y compartir ese valor ya en el proceso de su creación, no solo dando donativos tras acumular ganancia. Si se conduce así, el capitalismo tiene un buen efecto social y ecológico. Es una idea sencillísima, y para la teología moral social católica no aporta nada nuevo. Ya lo subrayaba, de varios modos, la encíclica *Rerum novarum* en el año 1891. Sin embargo, como lo ha dicho Michael Porter, surte efecto en el mundo de las grandes empresas. Un año después de la publicación del artículo fui invitado a dar una conferencia sobre ética y economía a 170 CEO de todo el mundo, reunidos para el Heineken Global Forum. Entre otras cosas, hablé del *shared value,* y algunos me informaron de que también estaban usando el mismo término, apoyándose en el artículo de Porter. Lo que resulta importante aquí es que Michael Porter no menciona para nada que la Doctrina Social de la Iglesia viene repitiendo las mismas ideas desde mucho tiempo antes de él. Y no lo dice porque no lo conoce.

Y el tercer ejemplo es de un empresario chino que se ha convertido al cristianismo, y, motivado por su fe, ha creado la *Transformational Business Network,* una red de empresas que ponen el capitalismo al servicio de los pobres. Buscan

---

[5] Michael E. PORTER; Mark R. KRAMER, «Creating Shared Value. How to reinvent capitalism and unleash a wave of innovation and growth», Harvard Business Review (January-February 2011), 62-77.

oportunidades para trabajar con un cierto margen de ganancia, pero sobre todo persiguen un impacto social. Fui a su reunión anual con unas cuatrocientas empresas que colaboran. No podía creer lo que veía: estaban haciendo lo que el Papa había pedido en su encíclica social *Caritas in veritate*, e incluso usando la misma terminología. Les pregunté si eran conscientes de que hacían lo que había sugerido también el Papa. Respondieron asombrados que no sabían ni de la existencia de esa encíclica.

Y es una gran pena que no se conozca más. La ética social católica puede aportar enormemente porque es equilibrada y ha adquirido madurez durante mucho tiempo. Transmite la sabiduría de siglos de fe y caridad social, y consigue mantener en equilibrio principios que en su aplicación pueden ser antagónicos. Cuanto más conozco las situaciones y las diferentes posiciones, tanto más caigo en la cuenta de que tenemos una buena mercancía en las manos.

2. El *«status quaestionis»* de la doctrina social católica

Resumiré en tres aspectos generales y en tres especiales lo que ha dicho el magisterio, en el marco más amplio de la ética social estructural católica. Para los subtítulos elijo citas de Benedicto XVI.

a) Parte general

«La Doctrina Social de la Iglesia ha nacido para reivindicar esa "carta de ciudadanía" de la religión cristiana» (*Caritas in veritate,* 56)

Para entender la razón y el alcance de esa frase de Benedicto XVI, tenemos que hacer una panorámica de la historia de la relación entre poder civil y autoridad espiritual. Es una variante de la siempre fascinante relación entre razón y fe, Estado e Iglesia, mundo y Dios.

Todo en la Iglesia empieza con Jesús, gira alrededor de Jesús y lleva a Jesús. No puede ser de otra manera, porque la Iglesia perpetúa sus enseñanzas en el tiempo hasta su venida gloriosa. Como una bomba en las más profundas bases del edificio pagano han detonado las palabras del Señor: «Pues den al emperador lo que es del emperador, y a Dios lo que es de Dios» (*Mt* 22, 21). Con esta frase, Jesucristo ha destruido el «monismo pagano» instaurando el «dualismo cristiano». En el mundo romano pagano, eran las autoridades públicas las encargadas de aplacar la ira de los dioses, rindiéndoles a la letra el culto establecido por la tradición y por la ley. Solo así, era su convicción, los dioses darían la *salus publica* al pueblo. Cuando la comunidad era víctima de catástrofes o reveses, los paganos echaban la culpa a alguien que no había rendido suficientes sacrificios a los dioses de Roma. Es comprensible que los cristianos que se negaban a cualquier tipo de culto a los ídolos acabaran fácilmente de chivo expiatorio. De todos modos, Jesús distingue una esfera de competencia del emperador de otra que pertenece a Dios. De ese modo, rechaza varias cosas a la vez y pone los fundamentos para la concepción cristiana del poder temporal. Quizás lo que más dolió a los saduceos que formularon la pregunta sobre el tributo al César, era que el Señor hubiese reconocido al poder temporal su esfera propia, y que, en consecuencia, la clase sacerdotal judía no debiera arrogarse todos los poderes políticos. El poder temporal (hoy diríamos sencillamente el Estado, pero hay que recordar que el Estado de hoy es un producto de la modernidad) tiene sus competencias, independientemente de la esfera religiosa. En concreto, tiene derecho a recaudar impuestos. Por el otro lado, Jesús contradice la inscripción del denario que le habían dado. En ella se leía que el emperador Tiberio era hijo de un dios, Augusto, divinizado pocos días después de su fallecimiento. Con su distinción, el Señor deja claro que el emperador no es Dios, rezamos *por* él, pero no *a* él.

Toda la historia posterior del cristianismo es una lucha, en ocasiones tortuosa, por ese principio del dualismo cristiano. No siempre resultaba fácil distinguir entre ambas esferas. A veces, para bien de la Iglesia, la separación era nítida. Otras, quedaba difuminada. En el año 380, poco después de que la religión cristiana fuera declarada única religión oficial del imperio, se inició un largo abrazo entre poder civil y espiritual, que no pocas veces, y probablemente a pesar de la buena voluntad de las personas, fue gravemente dañino para la Iglesia.

Sin embargo, durante los primeros siglos, la distinción quedaba clara y firmemente afirmada. San Gelasio I, por ejemplo, en el año 492, dirigió una carta al emperador bizantino en la que distinguía el poder temporal del emperador y la autoridad espiritual del sacerdocio: los sacerdotes esperan que el poder político procure el bien común; y las personas constituidas en autoridad civil buscan los auxilios espirituales del sacerdocio para alcanzar la vida eterna. Así los dos ámbitos aparecían separados, o al menos distintos.

El problema empezó alrededor del 800 cuando los reyes, y después emperadores carolingios, implementaron lo que se ha llamado «agustinismo político». Con este concepto se designa una interpretación equivocada de san Agustín: desarrollar la *civitas Dei* —la ciudad de Dios— en la tierra con medios políticos. El rey carolingio se llamaba y se sentía vicario de Cristo con el encargo divino de extender el Reino de Dios, incluso con la espada si hacía falta. Era ungido rey con una unción que se consideraba parte del sacramento del Orden, y le confería una posición única y elevada en la Iglesia.

El cambio necesario de esa situación se inició con la intervención del emperador alemán alrededor del año 1000, cuando impuso su candidato para el papado con el fin de reformar la Iglesia y liberarla de mundanidad y afanes terrenos. En el año 1075 llegó a su culmen esa «revolución pontificia»: Gregorio VII dictó una lista de 27 puntos, conocida como el *«dictatus papae»,* que reafirmaban su supremacía sobre el emperador. En realidad invirtió las competencias: ahora era el Papa quien se llamaría, en el sentido espiritual y con razón, «el vicario de Cristo», que reclamaba una autoridad universal, también sobre el nombramiento del emperador. En las luchas posteriores entre papado e imperio, el Papa reivindica la *«plenitudo potestatis»,* es decir, la plenitud del poder también en el ámbito político *sub ratione peccati,* es decir, bajo el aspecto formal de pecado. Es importante subrayar estas últimas palabras porque tampoco en ese periodo se abandona la distinción formal entre ambas esferas. El Papa como cabeza espiritual se reserva el sumo poder político solo porque las autoridades civiles eran también fieles cristianos que pecaban o podrían pecar, induciendo a muchas otras almas a seguirles en el camino de la perdición. Para zanjar esa triste posibilidad, el Papa reclama la competencia política.

Un ejemplo: En el año 1199 el rey de Aragón pidió al Papa Inocencio III ser liberado de un juramento que había hecho a su padre en el lecho de muerte. El difunto padre del joven rey había hecho una reforma monetaria devaluando la moneda; es decir, quitándole contenido de plata y de oro. Esa medida pretendía reducir la propia deuda del rey, pero afectaba a todos los súbditos de un modo muy negativo. Equivalía a una confiscación parcial de patrimonio, y por eso había causado protestas y revuelos. El hijo había jurado a su padre que no cambiaría la reforma, pero la situación se había hecho insostenible, y por eso le escribió al Papa pidiéndole ser liberado del juramento. El Papa no solo respondió afirmativamente, sino que le mandó hacer una reforma monetaria restaurando el valor original de las monedas. Es difícil imaginarse al Papa hoy en día intentando resolver la crisis del euro. Entonces, sin embargo, el Papa era aceptado como árbitro, con un papel similar al del presidente de la Unión Europea o de la Naciones Unidas. Para las naciones cristianas de entonces el Papa era la fuente del derecho y el juez universal; él dictaba las leyes mercantiles, las leyes de la usura, toda una serie de decretos que legislan sobre el derecho de seguros marítimos y sobre los futuros (qué compras a futuro eran lícitas y cuáles no).

En este contexto nació la teoría de las dos espadas, que encontramos por primera vez en 1245 en una bula de Inocencio IV y, sobre todo, en la bula *Unam sanctam* de Bonifacio VIII del año 1302. Se llama la teoría de las dos espadas porque es una exégesis equivocada del pasaje evangélico en el que Jesús les pregunta a sus apóstoles si acaso les había faltado algo cuando les había enviado sin nada. No había faltado nada, responden. «Pues ahora, en cambio —dice Jesús—, el que tenga una bolsa, que la lleve consigo, y que haga lo mismo el que tenga un zurrón; y el que no tenga espada, que venda su manto y la compre». Y ellos exclaman: «¡Señor, aquí tenemos dos espadas! Él les contestó: ¡Es bastante!» (*Lc* 22, 35-38).

El Señor ha dado dos espadas a los apóstoles, cuya cabeza es san Pedro: una es la espada del poder temporal y la otra es la espada espiritual. Así reza la interpretación medieval de los juristas curiales. Es el Papa quien confiere la espada temporal al emperador o al rey, pero este debe usar la espada según la voluntad del Papa. Así lo formuló Bonifacio VIII en la bula *Unam sanctam,* sin que esto fuera jamás dogma de la Iglesia, como se desprende del tono, las circunstancias y la misma voluntad del Papa. De hecho, en un comentario oral, Bonifacio VIII explicó que sabía perfectamente que el poder civil del rey procedía de Dios, como también la autoridad espiritual de la Iglesia, y que no se daba una sumisión general del poder civil.

De hecho, ya en el siglo XIV empieza a deshacerse la unidad de los cristianos, y la división llega a ser plena con la reforma protestante (el protestantismo). En ese momento el poder temporal se desliga totalmente del Papa, y, justo por eso, empieza lo que hoy en día llamamos el desarrollo de una teoría autónoma del Estado moderno. Hasta ese momento, esa teoría estaba incluida en la teología y en las declaraciones y bulas del Papa.

La reforma protestante y la contrarreforma desencadenarán guerras confesionales terriblemente cruentas, que diezman la población. Ante esos horrores, producidos por la convicción —sea de católicos o de protestantes— de que la autoridad civil debe imponer y proteger así la verdadera religión, un grupo de filósofos, políticos y juristas franceses del siglo XVI llamado *«les politiques»* crea la idea del absolutismo. El más conocido de ellos es Jean Bodin. Su postulado central era: el valor que la sociedad civil necesita sobre todo es la paz civil. Las autoridades políticas deben procurar el bien común y no dirimir cuestiones religiosas. Lo que tiene que hacer el Estado es garantizar la convivencia pacífica civil. Para lograrlo, *«les politiques»* saben que hay que pagar un alto precio, y están dispuestos a hacerlo: para conseguir la paz el rey debe tener un poder absoluto, con el que pacificar las partes, estando él mismo siempre *supra partes.* El precio era la libertad, la autonomía de las familias ya sin sus ejércitos y con una limitación notable de poder.

En el siglo XVII, la dinastía de los Stuart quería transferir el absolutismo francés a Inglaterra sin disponer del contexto religioso, político o social que lo había motivado en el continente. El rey inglés provocó así la revolución, que rechazaba el absolutismo en nombre de la libertad y exigía la garantía de sus libertades mediante leyes constitucionales que fueran iguales para todos. Simplificando y abreviando mucho, nacieron así el liberalismo y el constitucionalismo. En un sistema político liberal y constitucional, todos los ciudadanos son iguales ante la ley, y el poder público queda limitado por el *rule of law,* que es más que la mera legalidad de la administración pública. Consiste más bien en la convicción de que por encima del Estado existen normas y principios que este no debe tocar. Esos principios superiores han sido formulados en los derechos liberales o negativos. Se llaman «negativos» porque prohíben al Estado lesionar ciertos bienes de los individuos, y le imponen el deber de protegerlos contra toda lesión por parte de otros conciudadanos. El ciudadano puede oponerse así a la injerencia o intromisión en ciertos sectores de su vida. Puede excluirse de la colectividad y mantener un ambiente privado. Ejemplos para ese tipo de derechos negativos son: el derecho a la vida, la seguridad física, la propiedad, la libertad religiosa y de opinión, etc.

La *rule of law* incluye la necesidad de la *isonomía:* la ley es igual para todos, también para los potentes; nadie está por encima de la ley y nadie está fuera de la ley. Es justo contra los privilegios de algunos contra lo que lucha el liberalismo.

A su vez, la *isonomía* provoca una cierta ampliación de la idea de la igualdad: todos somos iguales también en el sentido de que todos podemos igualmente participar en el bien común. *Isonomía* (misma ley) se hace *isocracia* (mismo poder): eso nos lleva de modo natural a la democracia. Durante el siglo XIX, algunos se preguntaban para qué servían la *isonomía* y la *isocracia* si faltaban los medios para sobrevivir o para ejercer el derecho respectivo. Un derecho sobre el papel no sirve para mucho, si no es posible ejercitarlo. La crítica socialista, ya antes de Marx, preguntaba: ¿De qué sirve el derecho a opinar libremente si no puedo expresar mi opinión porque me falta la educación y los medios para hacerlo? ¿Y de qué me sirve el derecho a la propiedad privada si no tengo nada, si mi única libertad es la de dormir debajo de un puente? Con preguntas inquietantes como esas se llegó a la idea de la justicia social, que rompe el monopolio privado de la beneficencia, y otorga al Estado el deber de preocuparse por los pobres, por los miserables y por los que sufren.

Georg Jellinek ha usado el término *«status»* o estatuto para referirse al *standing* o a la posición del individuo respecto al Estado. En el desarrollo que hemos descrito breve y sumariamente, vemos una interesante posibilidad de aplicar esa idea del estatuto individual.

En el absolutismo, el individuo se hallaba en un *status passivus,* es decir, era solo un receptor pasivo de los mandamientos del soberano. En un sistema constitucional y liberal, en cambio, la persona posee un *status negativus,* dispone de ámbitos de libertad en los que nadie entra sin su consentimiento, tampoco el Estado, a no ser que exista una ley general que lo permita. Con la llegada de la democracia, el ciudadano adquiere un *status activus,* porque puede participar en el gobierno de la comunidad. Y con la justicia social, la persona recibe un *status positivus,* porque el Estado procura perseguir los derechos sociales (al trabajo, a la seguridad social, a la educación, etc., como programa político, obviamente no como derecho individual). Este estatuto otorga no solo el derecho a una omisión por parte del Estado, como es el caso con los derechos negativos, sino el derecho a una prestación. De ahí procede el adjetivo «positivo».

En su secuencia histórica, esos cuatro estatutos forman como un rueda cuyos radios se entrecruzan, complementarios: *passivus-activus; negativus-positivus.* Para alcanzar su configuración actual la sociedad moderna ha recorrido el arco completo.

Como ya se ha comentado, hasta la reforma protestante, la filosofía política y el derecho eclesiástico prácticamente coinciden con la ética social católica. Por eso, la pregunta es, ¿cómo reaccionó la Iglesia ante la nueva situación después de la reforma?

Alrededor de 1586, el cardenal Belarmino escribió su libro sobre la potestad temporal del Romano Pontífice[6]. En ese

[6] Roberto BELARMINO, *Controversiarum De Summo Pontifice Liber Quintus (De potestate Pontificis temporali)*, en: Justinus FÈVRE (ed.), *Roberti Bellarmini Opera Omnia, vol. 2,* Vivès, París (1870), publicado originalmente en 1586-89. Ya antes de Belarmino, Francisco de Vitoria había formulado la misma

texto, Belarmino postuló para el Papa, en cuestiones políticas, una «*potestas indirecta*», es decir, un poder indirecto. Significaba que la Iglesia y el Romano Pontífice ya no reclamaban para sí potestad directa sobre cuestiones políticas, afirmando así una diferencia entre el poder temporal y la autoridad espiritual. Sin embargo, sí disponía de la autoridad de enseñar los principios morales generales de política, que los príncipes cristianos estaban obligados a implementar por sus leyes y demás instrumentos políticos. El problema de la concepción de Belarmino en un mundo como el actual es que exige un poder político subsidiario del Papa. Es decir, cuando un príncipe católico no cumple la moral, según la doctrina de la «*potestas indirecta*», el poder temporal es devuelto al Papa, y este podrá dictar las leyes y sentencias que estime oportunas; y si un príncipe tarda en poner en práctica su obligación, el Papa tendrá competencia para hacerlo en su lugar. Esto fue el principio ideal, que obviamente se topaba con sus límites en la realidad, porque muchos estados no aceptaban una decisión pontificia. Fue la doctrina oficial de la Iglesia hasta León XIII que concibió la relación entre doctrina y sociedad como una relación entre Iglesia y Estado.

Para León XIII, la relación entre la fe y la sociedad se concebía como la relación entre dos soberanos: entre el príncipe de la Iglesia, el Papa, y el príncipe cristiano. Hacían concordatos en los que el rey o el príncipe abría su territorio y permitía a la Iglesia entrar, con sus instituciones y órdenes religiosas, con su jerarquía, y podía crear sus estructuras jerárquicas y eclesiales: diócesis, universidades católicas, capellanías en

---

doctrina, véase *Relectio De potestate Ecclesiae prior*, en Teófilo Urdanoz (ed.), *Obras de Francisco de Vitoria. Relecciones teológicas,* BAC, Madrid (1960), 242-327.

prisiones, hospitales, orfanatos, escuelas, etc. La actividad de la Iglesia se fue desarrollando institucionalmente. Además, el príncipe, o bien el estado que representaba, prometieron imponer una conformidad a la ley moral a través de la ley estatal. En contrapartida, la Iglesia aseguraba la oración y el apoyo político-social para el soberano. La actuación eclesial seguía un modelo desde arriba hacia abajo. Se contaba con el apoyo de los medios estatales y políticos para la evangelización. En inglés se llamaría un *top-down approach.*

En la segunda mitad del siglo XX la situación había cambiado profundamente: la mayor parte de los estados se habían convertido en democracias pluralistas. El Concilio Vaticano II debía encontrar un nuevo modo de relacionarse con la realidad estatal, en cierto sentido una «reconciliación con la modernidad», que Benedicto XVI ha descrito de modo magistral[7]. El título que el Concilio eligió para su Constitución pastoral *Gaudium et spes* no supone un mero cambio terminológico: *La Iglesia en el mundo actual* («*in mundo huius temporis*»). Dejando atrás la perspectiva desde arriba hacia abajo que concebía la relación entre fe y sociedad como una relación entre Estado e Iglesia, el Concilio adaptó la posición de la fe en medio del mundo y de la sociedad. Se posiciona ahora en la sociedad civil, abandonando privilegios estatales e imposición legal, para optar por un programa de transformación cultural desde dentro. En el Concilio Vaticano II, la Iglesia aceptó plenamente la modernidad en sus aspectos positivos y eligió una perspectiva desde dentro y desde abajo hacia arriba: el *bottom-up approach.* Lo que la Iglesia no ha aceptado y nunca podrá aceptar es la «privatización» de la religión cristiana. La

---

[7] Cfr. http://www.vatican.va/holy_father/benedict_xvi/speeches/2005/december/documents/hf_ben_xvi_spe_20051222_roman-curia_sp.html.

fe no es solo para el ámbito privado, sino que tiene una dimensión pública y social, y los cristianos han de proclamar el evangelio en todas las circunstancias, también en la nueva situación. El Concilio ha proclamado un nuevo momento histórico, en el que el laico debe usar la libertad civil creada por los derechos humanos y liberales, su *status negativus* y su *status activus,* para crear una cultura cristiana. Eso a veces se ha interpretado mal, diciendo que la Iglesia ya no se ocupa de las leyes, o que la Iglesia ya no hace política. Es verdad que la Iglesia como jerarquía no hace política, pero son los laicos quienes deben levantar la voz contra las injusticias y las faltas de caridad. Aceptamos la diferenciación y la emancipación de las esferas sociales (ciencia, arte, política, economía, etc.) del dominio eclesiástico, pero no aceptamos la privatización de la religión, porque la Iglesia está ahora en la sociedad civil mediante el apostolado de los laicos.

El Concilio Vaticano II, sin duda, ha sido muy optimista. Se apoyaba en el consenso casi universal en temas de derecho natural, que reinaba en los años en que se celebró. Poco tiempo después, ese consenso se rompió de modo dramático. Nadie podía entonces sospechar que se usaría el lenguaje de los derechos humanos y del orden público, maravillosos logros de la modernidad, para defender posiciones en completa contradicción con la antropología cristiana. Estamos en la situación de crisis cultural y moral del que hablamos en el primer apartado. Juan Pablo II se ha referido a esa evolución como una traición de las democracias occidentales a sus propios principios constitucionales[8]. Pero sigamos el orden cronológico.

Como ya hemos tenido ocasión de recordar, Juan Pablo II en su encíclica *Sollicitudo rei socialis* definió la Doctrina Social de la Iglesia como teología moral y no como «tercera vía». Los

---

[8] Cfr. su encíclica *Evangelium vitae.*

motivos de esa definición eran dobles: se trataba, por un lado, de defender el pluralismo político y la libertad de conciencia de los católicos en occidente; por el otro lado, de proteger a los católicos en los países comunistas contra la acusación de que ellos dependían de un poder extranjero para sus decisiones políticas. De ahí procede el hincapié en que la doctrina social católica no es una tercera vía, y por tanto tampoco un programa político, sino teología.

En circunstancias históricas cambiadas, Benedicto XVI puso el acento en el mutuo servicio que se prestan fe y razón para la construcción de una sociedad humana. Así, subrayó el *duplex ordo cognitionis* de la teología moral social, su doble orden de las fuentes de conocimiento: tiene sus raíces en la fe y en la razón, en el evangelio y en el derecho natural. En su encíclica *Deus caritas est,* Benedicto XVI expresó el cambio paradigmático del Concilio Vaticano II a un programa cultural en la sociedad civil, que no renuncia a alzar la voz públicamente, con el término *officium intermedium*[9]: un servicio de mediación entre fe y razón. Esa orientación coincide con su llamada a alargar el concepto de la razón, reducido en la modernidad a un concepto técnico puramente científico. La Iglesia no quiere ninguna forma de poder político, ni en su forma indirecta, sino prestar a quien lo busca un servicio espiritual e intelectual. La Iglesia no hace política, pero sus enseñanzas sobre la justicia y la caridad hacen posible la política, para que todos puedan fácilmente encontrar y poner por obra la justicia. Fe y razón se necesitan mutuamente: la fe necesita

---

[9] BENEDICTO XVI, Encíclica *Deus caritas est*, n. 29. También trata de modo significativo de esos temas en sus discursos en Westminster Hall y el Bundestag alemán, cfr. *Acta Apostolicae Sedis 102* (2010), 635-639, y *Acta Apostolicae Sedis 103* (2011), 663-668.

la razón para no caer en el fundamentalismo y en el fanatismo; la razón necesita la fe para permanecer abierta a la transcendencia y no encerrarse en ideologías. De modo análogo, religión y sociedad se enriquecen mutuamente si no se oponen y permanecen abiertas al diálogo. Esas aclaraciones papales son especialmente significativas a la vista de la historia, que muy brevemente hemos descrito. Hacen entender en perspectiva lo que Benedicto XVI ha llamado «"carta de ciudadanía" de la religión cristiana», que ha sido el punto de partida de este apartado. Con sus palabras ha mantenido y profundizado la íntima naturaleza de la Iglesia y su verdadera identidad.

«Hoy es preciso afirmar que la cuestión social se ha convertido radicalmente en una cuestión antropológica» (*Caritas in veritate,* n. 75).

Al escuchar esa frase, quien esté familiarizado con las encíclicas sociales enseguida oirá sonar las campanas. La «cuestión social», desde las primeras encíclicas *Rerum novarum* de León XIII y *Quadragesimo anno* de Pío XI, ha sido los sufrimientos y la difícil situación de los trabajadores, y las tensiones sociales resultantes. Constituye el núcleo o el objeto de la doctrina social: es el tema y la preocupación principal que motiva el esfuerzo de reflexión por parte del magisterio. Cuando Benedicto XVI afirma que se ha convertido en una cuestión antropológica está nada menos que reorientando toda la doctrina social, dándole un nuevo enfoque. El centro de la atención lo ocupa ahora no solo el sufrimiento de los obreros, desgraciadamente tan frecuente en todo el mundo, sino cualquier lesión contra la dignidad humana originada por una mentalidad técnica manipulativa. Hay que defender al ser humano ante una concepción puramente técnica instrumental.

De nuevo estamos ante la idea, tan afín a Benedicto XVI, de alargar el concepto de razón. Cada día conocemos mejor cómo funciona fisiológicamente el cuerpo humano, y cada día conocemos menos quién es la persona humana y cuál es el sentido de las cosas. Esto hace que últimamente la doctrina social se haya acercado mucho a la bioética, y que las cuestiones de derecho a la vida tengan mucho que ver con la doctrina social.

Trataremos de este aspecto más adelante al hablar de los puntos de interés especial para la economía.

«Esta es la vía institucional —también política, podríamos decir— de la caridad» (*Caritas in veritate,* n. 7).

También esta frase, elegida como título del tercer apartado, tiene mucha enjundia. El Papa Benedicto XVI decía que la política es el camino institucional de la caridad. Su importancia se manifiesta en perspectiva histórica: con esa frase, el Papa ha confirmado la importancia de la ética institucional del Estado moderno de derecho, democrático, liberal y constitucional para la doctrina social católica.

Hoy en día, semejante afirmación probablemente no sorprenderá al lector no teológico. Pero no siempre ha sido así en la historia. Es más, podemos decir que en la doctrina social y en el pensamiento social católico ha habido una gran dificultad para aceptar la importancia de las instituciones políticas y económicas modernas. Esa dificultad de aceptación estriba en el susto que supuso la Revolución francesa para la Iglesia. En su fase radical, la Revolución francesa perseguía a la Iglesia, asesinaba a sacerdotes y religiosas, e incluso detuvo al Papa Pío VI (Juan Ángel Braschi), que murió en su prisión francesa en 1799. El prefecto civil anotó en el registro: «Falleció el ciudadano Braschi, que ejercía profesión de pontífice».

Algunos periódicos y gacetas liberales de Europa comentaron su muerte con la apostilla: «Pío VI y último». No puede sorprender que la Iglesia católica tratase el sistema liberal europeo no solo con extrema cautela, sino con rechazo, como una apostasía nacional de enteros pueblos de Dios y de su Iglesia. Esa actitud llevaba a una falta de aceptación por parte de la jerarquía de algunos elementos positivos del sistema liberal que hoy consideramos imprescindibles para la vida social: los derechos humanos, la democracia y la soberanía popular, la libertad religiosa, la separación de trono y altar, etc. De hecho, Pío VI, en 1790, llamó a los derechos humanos «monstruos».

En el ámbito católico no jerárquico, es decir entre los intelectuales católicos, hubo dos líneas de reacción contra la Revolución francesa. Una, el liberalismo católico, conocido también como modernismo, aunque no es exactamente lo mismo. La otra, el tradicionalismo, denominado también ultramontanismo (de *«ultra montes»* —«más allá de los montes»—, es decir, allí donde está Roma). El liberalismo católico proponía aceptar el liberalismo político y económico, con sus principios de soberanía popular, derechos humanos, democracia y republicanismo, pero también con el racionalismo y el anti-dogmatismo inherente al liberalismo de entonces. También se opusieron a la conservación de los Estados pontificios, que en aquel entonces garantizaban al Papa la independencia económica de otros poderes políticos. El liberalismo católico se presentaba así como una mezcla de cosas más o menos aceptables e inaceptables para la Iglesia, y por ese motivo fue condenado por Gregorio XVI y Pío IX.

El tradicionalismo, al contrario, rechazando el liberalismo, ofrece como solución la vuelta al Medioevo. En el ámbito político, soñaba con la unidad de trono y altar, la plenitud de poder político del Papa y la conservación absoluta de los

Estados pontificios. En la economía, querían reinstaurar los gremios que la Revolución francesa y el liberalismo habían abolido, para permitir el libre acceso y el ejercicio de cualquier profesión a todos. Rechazaban el contrato laboral y el salario industrial, proponiendo, en cambio, un sistema corporativista. Esa corriente formaba parte del romanticismo social, entonces en auge cultural como reacción ante el racionalismo de la Ilustración, inspirador del liberalismo.

En este contexto cultural, conflictivo y difícil, llegó al papado León XIII (1878-1903). Podría haber escogido uno de las dos corrientes opuestas. Probablemente habría sido más aceptable decidirse entonces por el tradicionalismo, por ser este aparentemente, solo aparentemente, favorable al catolicismo. Sin embargo, León XIII no elige ni una ni otra, y dirige la atención de la Iglesia hacia el derecho natural, tomando como maestro a santo Tomás de Aquino.

Con esta sabia medida, el Papa consiguió basar la ética en un fundamento metahistórico y liberarla de la lucha entre tradicionalismo y progresismo. La naturaleza humana se mantiene fundamentalmente igual durante todos los siglos: todos los seres humanos de todos los tiempos tienen alma y cuerpo, son mortales, etc. Lo que cambia son las circunstancias en que se desenvuelven sus vidas. Basar la ética en la naturaleza humana indica que la solución no está en volver a modelos pasados, sino en buscar el bien verdadero para el hombre a la vista de su naturaleza, que permanece en el tiempo. El fundamento es, por decirlo así, históricamente neutro.

Sin embargo, también este planteamiento encuentra una notable dificultad en la ética social. Tomar la naturaleza humana como punto de partida funciona bien para la ética individual porque todos tenemos las mismas pasiones, miedo a la muerte, al sufrimiento, y queremos ser amados y amar.

Además, la naturaleza humana posee inclinaciones naturales, constantes en todos los seres humanos, que nos permiten llegar a la ética natural. En cambio, cuando se aplica la idea del derecho natural, con un método deductivo, a la ética social, fácilmente esta se vuelve ideológica: es decir, se proyectan los propios prejuicios sobre el tema, cayendo en un círculo hermenéutico. La interpretación de un asunto refleja más la opinión del intérprete que la realidad de lo interpretado. Obviamente, hay aspectos de la vida social que parten de la naturaleza social del hombre, por ejemplo el carácter social del ser humano que lo lleva a formar comunidades. Pero, cuando entramos en los detalles de la organización social, ¿cuál será la naturaleza del Estado, que permitiese deducir normas de este ser Estado? De hecho, se cayó en antropomorfismos, concibiendo el Estado como un cuerpo. En un cuerpo hay cabeza y órganos, unidos orgánica y corporativamente. Pero es una analogía muy lejana, como se ha hecho en sectores importantes del pensamiento católico, deducir, de la unicidad de la cabeza, que la monarquía fuera la «forma católica» del Estado; o de la cooperación de los órganos en el cuerpo, que la forma católica de la organización social fuera el corporativismo, el sistema orgánico del Estado. Sin embargo, eso se pensaba y se enseñaba.

En la versión neo-escolástica del derecho natural hubo una gran dificultad para entender la lógica del Estado liberal, que permite los antagonismos de los diversos intereses propios, sin forzarlos en un sistema corporativista, y los conduce al bien común a través de un sistema de *checks and balances.* Fue esa la sabiduría práctica de los padres fundadores de Estados Unidos, provenientes de la tradición liberal anglosajona. En la doctrina social, en cambio, se hablaba hasta hace poco de la neutralidad de la Iglesia respecto a las formas de Estado. Esa posición de neutralidad significaba lo siguiente: si el Estado garantizaba ciertos buenos principios, el hecho de ser monarquía, aristocracia o democracia era irrelevante. Esa neutralidad para con las instituciones del Estado constitucional liberal supuso una falta de anticuerpos contra los totalitarismos, estimulada además activamente por algunos intelectuales católicos como Carl Schmitt y Juan Donoso Cortés.

Sin embargo, hay que decir que el magisterio reaccionó enseguida contra las violaciones de los derechos humanos cometidos por los totalitarismos del siglo XX. Pío XI escribió tres encíclicas, cada una dirigida contra un totalitarismo: el fascismo italiano, el bolchevismo soviético y el nazismo alemán. Fue la negativa experiencia de los horrores del siglo XX y las positivas experiencias llevadas a cabo por católicos activos en la democracia, y sobre todo, con el modelo americano lo que, como dijo Benedicto XVI, llevó a un acercamiento y a una mutua apertura entre el Estado moderno y la Iglesia[10]. Después de la Segunda Guerra Mundial, la mayoría de los estados liberales occidentales abandonaron la agresividad contra la fe y la Iglesia. Pensadores como Jacques Maritain abrieron el camino y políticos católicos cristianos democráticos llevaron a cabo la experiencia. Ya en el siglo XIX, el país donde la Iglesia católica crecía más era Estados Unidos. Su sistema político preveía la libertad religiosa y la separación de Estado e Iglesia. Esa experiencia iba a ser importante a la hora de proclamar la libertad religiosa en el Concilio Vaticano II.

Pío XII, en su mensaje para la Navidad de 1944, recomienda la verdadera democracia como la forma de Estado que permite la mayor participación activa de las personas. Habla de la *verdadera* democracia, porque no se trata solo de

---

[10] Cfr. http://www.vatican.va/holy_father/benedict_xvi/speeches/2005/december/documents/hf_ben_xvi_spe_20051222_roman-curia_sp.html.

tener la mayoría o quedarse en la minoría, sino de permitir la participación activa sobre la base de la dignidad humana y de los derechos humanos, que no están a disposición del legislador. Más tarde, en su encíclica *Pacem in terris* (1963), Juan XXIII promueve la división de poderes, los derechos humanos y la soberanía popular bien entendida. Juan Pablo II lleva ese proceso a su ápice en la encíclica *Centesimus annus*» (1991), donde reconoce la importancia y la bondad de las instituciones del Estado moderno liberal constitucional. Y Benedicto XVI subraya que la ética institucional tiene su lugar en la ética social católica, como modo de vivir el principio central de la caridad.

Eso, obviamente, no quiere decir que las instituciones del Estado liberal moderno fueran dogma de fe. La doctrina social católica no impone la democracia como forma de Estado, sino que se ha abierto, entiende y acepta la lógica y la importancia de las instituciones democráticas. Es importante tener claro que no basta tener fines políticos buenos, que respeten el derecho natural sobre el hombre, el matrimonio, etc., sino que hay que prestar importancia también al camino institucional que lleva a alcanzarlos. Por eso, la ley electoral y la división constitucional de poderes son igualmente importantes que las leyes sobre el matrimonio y la educación de los jóvenes. El *iter* jurídico legislativo es definitivo para el resto de las leyes, y está definido por las leyes institucionales y la cultura. A veces, el pensamiento católico no ha cuidado suficientemente esos aspectos, quizás por no contar todavía con el cambio paradigmático del Concilio Vaticano II, que dispuso la actividad social de la Iglesia en la sociedad civil siguiendo un proyecto cultural desde dentro y desde abajo. Por ejemplo, tal vez se concentraban los esfuerzos en evitar leyes permisivas de males morales, y no tanto en los presupuestos culturales y prelegislativos, que permitieran expresar las propias convicciones sobre el bien común. Hoy en día vivimos en la lógica cultural de la mayoría, no del bien en sí mismo. Quien no se comporta de acuerdo a esa máxima, en otras palabras, quien no comunica públicamente, paga las consecuencias y lo que piensa y dice se convierte en irrelevante.

b) Parte específica: Las tres consideraciones sobre la economía

«No crean a Max Weber»

«Don't buy Max Weber». Así podríamos resumir una de las consideraciones de Benedicto XVI sobre la economía. El entonces pontífice exhortó a los católicos a que no se dejaran arrinconar con un complejo de inferioridad como si fueran retrógrados y pobres. No, insinúa el Papa: descubran que las raíces de la economía del mercado son cristianas.

Como es sabido, Max Weber, en su famoso artículo de 1905 sobre el espíritu del capitalismo y la ética protestante, afirma que el capitalismo es la consecuencia de la transposición de la ascética dirigida hacia el más allá a una ascética intramundana. La tesis de Weber no es del protestantismo en general sino del calvinismo. Según él, este defendía la idea de la predestinación, por la que un cristiano no necesita hacer nada para ganarse el cielo, ya que la gracia es irresistible. Pero tampoco puede hacer nada para evitar el infierno, porque está predestinado por Dios. Lo único que se podría hacer es manifestar la vocación, trabajando bien y teniendo éxito en esta tierra[11]. De ahí que la ascética de una Rosa de Lima, para Max Weber, carezca de sentido. Es más, la condenaba diciendo que

[11] Lo que expongo sobre el calvinismo es la opinión de Max Weber, y no la mía. Parece ser que las valoraciones de Weber sobre el calvinismo no son del todo correctas.

era un esfuerzo inútil. En cambio, toda esa energía ascética dirigida al más allá se debería usar para alcanzar un éxito terrenal. Toda la energía se habría metido en el trabajo, y así habría nacido el capitalismo.

El artículo de Weber tuvo y sigue teniendo mucho éxito también porque, ciertamente, hay fenómenos que suscitan perplejidad. Por ejemplo, al escribir estas líneas en la Unión Europea, se habla de los PIIGS (en inglés, para que se entienda el acrónimo: Portugal, Italy, Ireland, Greece y Spain), que son los que están hasta el tope con la deuda, con el desempleo, con problemas económicos y con grandes dificultades para refinanciarse en el mercado. Justo esos son los países más cristianos: Portugal, Italia, Irlanda son católicos; Grecia es ortodoxo y el país con más adherencia popular a la fe cristiana de toda la Unión Europea. Pero Alemania, medio pagana, Escandinavia e Inglaterra, países que van bien económicamente, son mayoritariamente protestantes. Entonces, ¿hay algo de verdad en lo que dice Weber? Yo diría que no, que es al revés. Max Weber confundió causa y efecto: uno no se hace rico porque sea protestante, sino que se hace protestante porque es rico. Alguien que con su propio esfuerzo e inteligencia ha tenido mucho éxito profesional, solo con dificultad y mucha virtud obedece a un clero que quizás no posea altas cualidades humanas. La causa de la riqueza no es la fe, sino el comercio. Los países del norte, con un clima desfavorable y con poca agricultura, se veían obligados a negociar. En cambio, los países del sur cometieron el error en el barroco de re-agriculturizarse, después de haber inventado la economía del mercado monetizado y capitalista.

En este sentido, la tesis de Max Weber sencillamente no es correcta, porque la economía moderna de mercado, con sus instrumentos financieros embrionarios, nació en la Italia del norte y en el Flandes de los siglos XIII y XIV. Ahí es donde se desarrolló la economía conocida como paleo-capitalismo. Ahí también se podía formar la «economía franciscana».

Los franciscanos nacieron en el siglo XIII, en medio de lo que se ha llamado la revolución comercial, cuando la riqueza había aumentado exponencialmente gracias al comercio. Este a su vez pudo crecer porque se habían abierto los caminos del mar y las nuevas rutas alrededor del Mediterráneo, en parte como consecuencia de las cruzadas. Tuvo lugar una explosión demográfica, que hizo posible la colonización del este de Europa. La economía se remonetizó: se crearon las condiciones para la fluidez del pago, acuñando nuevas monedas en oro y plata. Se desplazó así la forma y el lugar de la acumulación de riqueza. En el feudalismo, el patrimonio consistía en disponer de tierra y bienes inmóviles, base productiva de la economía agrícola. En la incipiente sociedad comercial, la riqueza se hizo móvil, porque consistía en dinero o bienes mercantiles que cambiaban continuamente de propietario. En consecuencia, los nuevos ricos no vivían en el campo, sino que necesitaban estar con otros comerciantes en los nuevos centros urbanos, los «burgos». Y se creó la «burguesía».

Las órdenes mendicantes, los franciscanos y los dominicos, eran los religiosos de la burguesía. Tenían sus conventos no fuera de la ciudad, en el campo, como los monjes, sino en la ciudad, entre la burguesía. Las órdenes mendicantes procedían de los hijos e hijas de la burguesía, predicaban a los comerciantes y vivían de sus limosnas. Así podían corregir la condena del comercio por parte del feudalismo. La gran colección de documentos canonísticos del siglo XII, el Decreto de Graciano, afirmaba en una glosa que un cristiano no debe ser comerciante: vivir en gracia y comerciar eran incompatibles. Los predicadores a partir del siglo XIII mitigaron ese juicio.

Dejando a salvo la licitud del comercio, enumeraban los vicios que habían de evitarse en su ejercicio.

No deja de ser una paradoja que los frailes de san Francisco fueran pobres por voto y no dispusieran de monedas, y precisamente por eso descubrieran importantes elementos de la economía. Quizás a pesar de ellos mismos. Se cuenta que un día un fiel dejó unas monedas de donativo sobre el altar de la Iglesia, y san Francisco las arrojó a la calle sobre un excremento de animales, diciendo que el dinero era eso: «el excremento del diablo». Pero los frailes tenían que comer y vestirse, necesitaban un techo. Y cuando fuesen viejos necesitarían un sustento y alguien que cuidara de ellos en su enfermedad. Para prever esas necesidades, los frailes daban el dinero donado por los fieles a un *«amicus spiritualis»*. Esta persona tenía que invertir el dinero; por la pobreza de los franciscanos, no debía atesorarlo. Los frailes podían usar lo que necesitaran, siempre poco y modesto. No debían usar más de lo realmente imprescindible, sin ánimo de poseerlo como cosa propia. Eso les fortalecía en la convicción de que el valor de una cosa no consiste en su abstracta posesión, sino en su uso. Aplicado al dinero, este no se atesoraba, sino que se gastaba. Para su sorpresa, si el dinero circulaba generaba más riqueza. El *«amicus spiritualis»*, un primer tipo de *manager,* también tenía que rendir cuentas de su administración ante los frailes. Eso exigía una contabilidad. En consecuencia, prácticamente sin querer, el modo de vivir su pobreza llevó a los franciscanos a inventar o, al menos, a catalizar fenómenos como el *management,* la circulación del dinero y la contabilidad a doble partida. Aunque esta última fue practicada también entre comerciantes no religiosos, su primera descripción detallada sale de la pluma de un religioso, Luca de Pacioli.

Otra institución que se remonta a la economía franciscana son los bancos sociales. Los frailes estaban en contacto con los pobres y se dieron cuenta de que prohibir todo interés, considerándolo usura, era contraproducente para los mismos pobres. La legislación canónica vigente entonces prohibía pedir ni siquiera el 1 % de interés por un préstamo. Esa prohibición ocasionaba que los medianos o pequeños empresarios —los artesanos, pequeños comerciantes, campesinos, etc.— no pudieran acceder a crédito —porque los adinerados no prestaban a tasa cero—, o lo hicieran mediante usureros ilegales, que pedían tasas exorbitantes (de 100% de interés, y más). Para aliviar ese problema de falta de liquidez, los franciscanos organizaron fondos que llamaban «montes de piedad». No tenían como fin específico distribuir limosnas a los más pobres y miserables, sino dar crédito a los medianos y pequeños empresarios, a un interés del 4 o 5 %. Se aseguraba el crédito con un empeño, que no fuera ni un instrumento de trabajo ni los animales necesarios para la producción. En el año 1462, la primera banca social de ese tipo abrió sus puertas en Perugia. En pocos años, en Italia y en países colindantes se establecieron 150 montes de piedad. Como se ve, el microcrédito no es una invención de Muhammad Yunus, sino de los franciscanos.

No es exagerado afirmar que las instituciones modernas del mundo occidental en realidad son un efecto colateral no intencionado de algo mucho más grande: de la adoración de Dios, del espíritu contemplativo. Ya lo afirma la Regla de san Benito, cuando dice que no se debe valorar nada más que la liturgia, la oración. San Benito, que ha llenado el mundo con su lema *«ora et labora»*, antepone la oración al trabajo. La cultura occidental es el resultado de algo más grande que ella misma, es consecuencia del amor a Dios.

La economía de mercado como la conocemos hoy en día no se comprende sin el influjo del cristianismo. Ciertamente, también los romanos tenían mercado y no eran cristianos; y los antiguos chinos no eran cristianos y disponían de una economía de mercado. Sin embargo, la economía moderna de mercado, difundida en todo el mundo mediante la globalización, vive de tres principios que provienen en realidad de la fe cristiana: la dignidad humana, la igualdad y la libertad.

Ya hemos hablado ampliamente de la dignidad humana en capítulos anteriores. Nos queda hablar brevemente del origen cristiano de la igualdad y de la libertad.

Existen pensamientos sobre la igualdad de los hombres entre los estoicos, pero no se difundían culturalmente en la sociedad antigua, altamente jerarquizada en estamentos cerrados. Además, Aristóteles había escrito que había hombres esclavos por naturaleza, y que la mujer por naturaleza era inferior al hombre. Cristo enseña la radical igualdad del hombre, identificándose con los más débiles y despreciados de su tiempo. Lo que la revelación divina del Antiguo Testamento había empezado, la igualdad de todos los hombres y de todas las mujeres como imágenes de Dios, Cristo lo llevó a su plenitud identificándose con todos. Realmente invirtió el orden social basado solo sobre baremos humanos. Por la fe cristiana, la igualdad se basa solo y exclusivamente en la naturaleza humana como tal. Desgraciadamente, no siempre los cristianos hemos sabido inculturizar plenamente esa fe cristiana en la igualdad humana. Hay muchas culturas cristianas o semi-cristianas que no han alcanzado la igualdad, pero el ideal está ahí.

Lo mismo sucede con la libertad, una valor enaltecido sobre todo en las *Cartas* de san Pablo. Ciertamente, el cristianismo no ha abolido desde un inicio la esclavitud. San Pablo en su *Carta a Filemón* insinúa que este debería liberar a su esclavo fugitivo Onésimo, que se había hecho cristiano. Sin embargo, san Pablo devuelve el esclavo a su señor, y deja que este elija libremente si liberarlo o no; le sugiere hacerlo, pero no le obliga. Del tono de la carta parece obvio lo que debería hacer Filemón, pero san Pablo no condena la institución de la esclavitud como algo injusto y contrario a la naturaleza humana.

Lo que hace el cristianismo es relativizar la importancia de las existentes diferencias y clasificaciones sociales, porque todos somos libres y esclavos a la vez: «Ya no hay distinción entre judío y no judío, ni entre esclavo y libre, ni entre varón y mujer. En Cristo Jesús, todos vosotros sois uno» (*Gal* 3,28). Un señor debe tratar bien a los esclavos, y estos deben servir bien a sus amos. Esto ha sido criticado como una relativización del mensaje cristiano; como quitarle la fuerza de reforma estructural. Pero no debemos juzgar o condenar el pasado con los criterios actuales, sería un anacronismo. La esclavitud tenía una función social económica distinta de la que imaginamos con el trabajo en las minas, etc. A veces era sencillamente una dependencia laboral de otra persona, en un contexto social diferente. Repito, no podemos ser anacrónicos: la esclavitud en la antigüedad tenía también una función de orden, de supervivencia, había esclavos muy ricos con una alta posición social. Aunque casi todos aspiraban a ser liberados, había también casos en los que, una vez liberado, el ex-esclavo caía en la miseria fuera de la familia a la que había servido, y estaba peor que antes.

El único padre de la Iglesia que prohíbe la esclavitud como anti-natural es Gregorio de Nisa; otros, por ejemplo Agustín, dicen que es consecuencia del pecado. San Juan Crisóstomo, el gran práctico, dice que los amos deben enseñar a sus siervos una habilidad y después liberarlos. Gregorio de Nisa, aunque brillante desde el punto de visto teórico, quizás no pondera suficientemente las consecuencias de la liberación de un esclavo. Podrían acabar en la calle mendigando. De todos modos, las palabras de la revelación resuenan a través de los siglos y despliegan todo su significado: «Cristo nos ha liberado para que disfrutemos de libertad. Manteneos, pues, firmes y no permitáis que os conviertan de nuevo en esclavos» (*Gal* 5,1). «Hermanos, habéis sido llamados a disfrutar de libertad. ¡No utilicéis esa libertad como tapadera de apetencias puramente humanas! Al contrario, haceos esclavos los unos de los otros por amor» (*Gal* 5,13). Dignidad, igualdad y libertad son tres constantes antropológicas cristianas que han marcado profundamente la vida social, y han configurado también la economía de mercado en la que vivimos en el mundo occidental.

La economía de mercado está configurada bajo el influjo del cristianismo. Sin embargo, existen distintas versiones de esta economía, nacida en tierra cultural cristiana: la versión neoliberal capitalista, la economía social de mercado y la economía civil. Cada una de ellas tiene una específica matriz cultural, funciona bajo sus propios principios, está ordenada a sus propios fines, y dispone de instituciones y modos de organización específicos.

	Neoliberal capitalista	**Economía social de mercado**	**Economía civil**
Matriz cultural	Anglosajón	Germánica	Latino-mediterránea
Principios	Competencia	Orden	Cooperación
Fines	Eficacia	Justicia	Fraternidad
Institución	Empresa privada	Estado	Sociedad civil

Cada una de ellas tiene una ventaja comparativa en relación a las otras. Ninguna existe en estado puro y ninguna es exclusiva. Hay que saber para qué sirve cada una de ellas. Por ejemplo, se ha visto que el Estado social asistencial no funciona, porque solo crea deuda pública; es mejor la economía civil que fomenta la cooperación en la sociedad civil; en cambio, el capitalismo neoliberal tiene una alta eficacia, pero necesita más responsabilidad social.

La economía civil nació en el ámbito mediterráneo, a finales del siglo XIX en Nápoles y Milán. Se distingue de la economía política por su criterio de exclusión. Intentaré explicarme: la primera cátedra de economía es la de economía civil de Nápoles; la segunda, la de economía política de Adam Smith. El cambio terminológico de economía civil a economía política no es una casualidad. «Civil» viene de *civitas,* que incluía a todos, también a los esclavos y las mujeres; «política» viene de *polis,* que solo incluía a los varones libres. En la *polis,* el criterio era de exclusión: la masculinidad y la libertad. En el caso de la economía política, el criterio de exclusión es la eficacia: si una persona es eficaz pertenece a la esfera económica, si no es eficaz se convierte en un caso social y es descargado en el Estado.

Ese criterio de exclusión ha originado una dicotomía, una división entre economía y Estado. En su encíclica *Caritas in veritate,* Benedicto XVI sugiere que superemos esa división, incluyendo la preocupación social por los pobres en la economía: «El binomio exclusivo mercado-Estado corroe la sociabilidad, mientras que las formas de economía solidaria, que encuentran su mejor terreno en la sociedad civil aunque no se reducen a ella, crean sociabilidad» (*Caritas in veritate,* n. 39)[12]. La idea de la

[12] El Papa Francisco repite ideas semejantes en la Exhortación apostólica *Evangelii gaudium.*

economía civil consiste en ampliar el concepto de economía enriqueciendo el lenguaje económico con ideas como felicidad pública, fraternidad, gratuidad, lógica del don. Es comprensible que, a primera vista, estos conceptos parezcan inútiles para la economía: es un mundo duro de competencia, donde todas las pérdidas son para el empresario, y sus ganancias se ven disminuidas drásticamente a causa de los impuestos. Sin embargo, bien entendidos, esos conceptos provenientes de la economía civil tienen mucho sentido: en la economía, gratuidad no quiere decir dar cosas gratis, sería imposible y auto-demoledor. Gratuidad expresa la idea de Kant de que el ser humano no tiene precio sino dignidad. Ya que las relaciones económicas son relaciones humanas, tiene que haber ese elemento de gratuidad también en las relaciones económicas comerciales. Una relación comercial puede ser de diversas maneras: puede ser una relación de aprovechamiento del otro, agresiva, llena de enemistad, o puede ser, al contrario, amistosa, abierta, justa, positiva. Si es conforme a la dignidad humana, hay un elemento de gratuidad en ella.

Algo semejante vale para el concepto de «don». Don no es lo mismo que regalo. En la economía no se distribuyen regalos, sino que se venden bienes y servicios. Además, el Papa no ha hablado de la economía del don, típica de sociedades primitivas, sino de la *lógica* de este, en la economía actual. Don hace referencia a «donar». La lógica del don significa donar un sentido humano a la acción económica. Es *Vorgabe* y *Sinngebung:* pre-don y donación de sentido. Antes de entrar en una relación comercial y económica, hay que hacerse una pregunta fundamental: el bien que vendo, ¿es realmente bueno? El servicio que ofrezco, ¿sirve a la persona? Quien no hace eso, y busca la ganancia como fin en sí mismo, cae en la «trampa de la ganancia»: cuanto más la busca tanto más la pierde. El director general de una gran empresa americana una vez dijo: «Mi empresa no hace coches sino dinero». Ningún aficionado a los buenos coches irá a comprar un coche allí, pues se sentirá usado. Don quiere decir dar un significado humano de servicio al quehacer económico, descubrir que la relación económica no es un puro mecanismo sino una relación interpersonal.

La economía «debe ser articulada e institucionalizada éticamente» (*Caritas in veritate,* n. 36): superar la fragmentación metodológica típica de la economía moderna

Los temas tratados hasta este punto presuponen la existencia de una ciencia empírica de economía, autónoma. Hoy en día eso es obvio, pero no lo era en siglos anteriores. Incluso Adam Smith y muchos profesores de economía posteriores a él enseñaban en facultades de filosofía moral o de ética.

En Aristóteles y en la escolástica, la política y la economía formaban partes de la ética. En su *Política,* Aristóteles distingue tres ámbitos de la ética: la ética individual, la economía, que para él significaba la economía de la familia (*oikos-nomos,* la ley para la casa) y la política, que es la ética de la *polis.* De este modo, economía y política son estudiados como partes de la ética. En consecuencia, no estudiaban descriptivamente cómo eran las cosas, sino cómo debían ser.

Como padre de la economía política, Adam Smith hace un cambio paradigmático en la metodología. De la concepción prescriptiva de la economía, se dirige a una concepción descriptiva. Hasta él, los escolásticos del medioevo, los de la escuela de Salamanca y los autores posteriores del iusnaturalismo estudiaban la economía bajo el aspecto formal: qué debía hacerse en la economía para lograr ser justo, e incluso para ser un buen cristiano. El enfoque era prescriptivo. Eso no quiere decir que no hubiesen descubierto algunas leyes del mercado, como la formación del precio del mercado mediante la oferta y la demanda, pero la enmacarban en la cuestión más amplia de si ese precio era o no justo. Las leyes empíricas formaban parte de un panorama ético, no técnico.

Adam Smith deseaba aplicar los descubrimientos de Newton en las ciencias naturales (por ejemplo la ley de la gravitación) a las ciencias sociales. Quería descubrir una ciencia que describiera la sociedad como si fuera una ciencia social. En ese intento, lo que para Newton era la ley de gravitación para Adam Smith era el interés propio. Smith no parte del egoísmo de las personas, sino de su interés propio, y constata que el mercado funciona según ese interés, de modo análogo a la ley natural universal de la gravitación. Como la ley de la gravitación domina los cuerpos de los astros, así el interés propio domina la economía. De este modo, Smith podía describir la economía como un mecanismo que funciona según la ley de gravitación del interés propio. De Leibniz tomó además la idea del orden preestablecido en el sistema social. Su famosa «mano invisible» es una aplicación de esa idea.

La emancipación de la economía y la ciencia política de la ética ha propulsado las respectivas ciencias. Han conseguido un gran progreso, que ha contribuido a la creación de la modernidad. Sin embargo, también ha producido la secularización, como marco cognoscitivo puramente inmanente. Todo parece explicable con los propios presupuestos metodológicos, sin influjos desde fuera. Eso ha dado lugar a una fragmentación o a una hiperespecialización del saber. El especialista corre peligro de saber siempre más cada vez de menos cosas, hasta saber todo de nada. Particularmente peligroso es que las ciencias que tratan del actuar humano en ciertos sectores (economía, derecho, política, etc.) pueden perder su conexión con el humanismo. El gran abismo y la neta separación entre la tradición escolástica y la nueva ciencia de la economía inducen a pensar en una neutralidad en los valores, que considere toda referencia ética como una intrusión inadmisible. Aún reconociendo plenamente la autonomía de las ciencias, parece importante subrayar la importancia de la función orientadora de la ética para las ciencias sociales, como hemos tratado de explicar anteriormente.

«La caridad es la vía maestra de la Doctrina Social de la Iglesia» (*Caritas in veritate,* n. 2)

Este tercer punto constituyó el desafío por antonomasia de Benedicto XVI, continuado y prolongado por su sucesor, el Papa Francisco: la caridad no es un principio solo para las micro-relaciones como la familia y la amistad, sino también para las macro-relaciones como la economía y la política. ¡Qué difícil es descubrir lo específicamente cristiano en el quehacer económico! Las leyes económicas valen para todos, cristianos y no cristianos. Así sucede con la utilidad marginal decreciente, por ejemplo, o con la ley de oferta y demanda, o con el valor del dinero, etc. Igual que las reglas del tráfico vigen igualmente para un cristiano y para un no cristiano.

Sin embargo, notamos que algo debería distinguir a un cristiano más allá de la ética que es igual para todos. ¿Qué es entonces lo típicamente cristiano? La moral autónoma, una corriente en la teología moral en los años 1980 promocionada por Alfons Auer, negaba la existencia de una moral intramundana específicamente cristiana, al mismo tiempo que afirmaba una específica moral cristiana salvífica. Esta distinción debe mucho a la distinción luterana entre los dos reinos: el reino de Dios y el reino terreno, distintos e incomunicados. En cuanto al reino de Dios, la gracia lo hace todo. El esfuerzo humano no añade mérito alguno cara a la salvación eterna. En cambio, el *ethos intramundano* debe resolver racionalmente los asuntos de la ciudad terrena.

Alfons Auer negaba que la revelación añadiese algo al *ethos intramundano,* ya que la razón humana alcanzaría todo su contenido. En cambio, en el *ethos salvífico,* la fe cristiana sí aportaría algo, por ejemplo, la fe, la opción fundamental, el deseo de ser justo, la motivación, el horizonte motivacional y escatológico, etc. Hoy en día, al contrario, se dice claramente que la fe cristiana y la moral sí aportan algo específico al *ethos* categorial intramundano: las virtudes de la Cruz, las bienaventuranzas y todo el Sermón de la Montaña, pero sobre todo el doble mandamiento de la caridad. San Francisco lo resume muy bien en el *Saludo a las virtudes,* donde habla de la caridad, la paciencia, la humildad, la pobreza, virtudes que no aparecen en la versión pagana de la ética natural.

El gran desafío del Papa es encontrar el modo de insertar la caridad como principio social también en las macrorelaciones de la economía y de la política. No es fácil dar una respuesta.

El evangelio no puede ser aplicado directamente como un programa socio-económico. Y tampoco la caridad, como virtud evangélica, es directamente aplicable. Desde los estoicos se conocen dos principios sociales: el primero y más importante es la justicia, y el segundo la benevolencia, que es como el sol con cuya luz se ve, como la dulzura que proviene de la amabilidad. Así lo formula Cicerón en su obra *De officiis,* y así lo repiten los Padres de la Iglesia. En tiempos más recientes, la encíclica *Quadragesimo anno* enumera la justicia social y la caridad social como los dos principios sociales rectores.

Apliquemos esas ideas a la parábola del Buen samaritano. Esta historia, como todo el Nuevo Testamento, tiene una clara índole de ética individual: es el individuo quien tiene compasión, salva al herido y lo lleva a la posada donde paga por su cuidado. En cambio, en una ética social que presta atención a las estructuras, además del empeño individual de cada ciudadano, se piensa más bien en la creación de instituciones: un cuerpo de policía que ofrezca seguridad a los viajeros y evite los robos; un servicio sanitario con ambulancias, hospitales, enfermeros y médicos que no abandone a los heridos en albergues que carezcan de las necesarias condiciones; etc. Es decir, la ética social estructural crea instituciones que parecen hacer innecesaria la caridad social individual. Sin embargo, este es el motor que lleva a hacer todo el esfuerzo creador de las instituciones sociales. La caridad es la luz en la que se descubren las viejas y nuevas injusticias, y aquellos sufrimientos contrarios a la dignidad humana que exigen una respuesta humana y cristiana.

Una vez creada, una institución social funciona según la lógica de la justicia: las personas necesitadas se dirigen a la institución y tienen un derecho a recibir un servicio o una prestación. Así, a la institución incumbe el *deber* de dar lo estipulado por los estatutos o por la ley que rige la institución. Entre el necesitado y la institución la relación parece dejar de ser una relación de caridad y se transmuta en justicia social.

En el proceso de institucionalización, la caridad social se hace justicia social. La perplejidad que podríamos experimentar ante ese fenómeno cuestiona si es realmente correcto exigir que haya justicia social. Es un tema vasto, que no podemos abarcar en estas líneas. Sin embargo, también en una sociedad con instituciones sociales desarrolladas —y no me refiero solo a instituciones del gobierno, sino también a aquellas de beneficencia privada—, la caridad social sigue activa y necesaria. La fuerza que mantiene en vida todo el sistema, y sin el cual se hunde, es la caridad. A veces vivimos en sociedades profundamente cristianas y no lo percibimos así porque la fe cristiana parece haberse diluido. Magallanes, en un momento determinado durante su histórico viaje, se quedó sin viento, y acabaron de consumir toda el agua potable de que disponían. Como es sabido, no se puede beber el agua del mar, pero como estaban casi muriendo, decidieron beber el agua del mar y luego morir: echaron un cubo, lo sacaron, y al probar el agua vieron que era dulce, porque se encontraban precisamente en el estuario del Amazonas. A veces nos pasa esto: morimos de sed, pensando que estamos en una sociedad no cristiana, mientras que en realidad estamos viviendo bajo estructuras de profundas raíces cristianas, fundamentadas en la caridad.

A veces, en naciones jóvenes con poca tradición cristiana, hay mucho entusiasmo por la fe entre los recién convertidos, pero si se raspa un poco, bajo esa superficie cristiana aparece el pagano. En cambio, en países de larga tradición y siglos de fe cristiana, puede parecer que ya no hay fe, pero si se raspa un poco la superficie pagana, aparece el cristiano.

Es decir, la caridad permanece siempre activa: es como un principio indirecto social, influye en la cristianización de la sociedad a través de los grandes principios de la doctrina social católica: la dignidad humana, el bien común, la subsidiaridad, la solidaridad. Pero queda un desafío y una cuestión abierta: cómo trasmitir la caridad y transformar mediante ella estas grandes instituciones.

Acabamos el segundo apartado con el mismo tema que el primero: con la caridad social, presentada como un desafío abierto, del que no ofrecemos una solución concreta. A cada una y a cada uno toca no solo practicar la caridad sino también reflexionar sobre ella como intelectual creyente. Es una tarea que no acaba nunca: queda siempre abierta, porque crece con la vida de los hombres y con las generaciones sucesivas. Pasa una generación, llega otra, pero permanece siempre el corazón de Cristo, a través del cual Dios Padre vierte su amor en nuestros corazones como espíritu de vida. El amor de Dios en Cristo es siempre más grande que nosotros: más grande que nuestra razón, que nuestra voluntad, y también que nuestros sistemas sociales y nuestras estructuras económicas. Por eso, es siempre un desafío y una gran esperanza en el horizonte de toda la historia humana. Pase lo que pase, al final nos espera la victoria del amor.

3.
JUSTICIA: LA VIRTUD DE LOS PODEROSOS

1. La justicia convierte el mero poder en autoridad

Ya tantas veces en el transcurso de estas líneas se ha hecho referencia a la justicia y a su importancia en la vida social. Es su primer principio, va antes que la caridad. Sin justicia, la caridad se convertiría en bondad superficial o en sentimentalismo. Hay razón suficiente para tratar la virtud de la justicia e integrar así los capítulos anteriores. Prepararemos de ese modo el final sobre la caridad, abordando particularmente el amor a los pobres, como enseña el Papa Francisco.

En la ética contemporánea hay dos enfoques relativos a la cuestión moral. El primero elige el camino de la virtud: este enfoque ético hace hincapié en la finalidad de la acción humana, es decir, la felicidad que buscamos en cada acto libre; a cada acto virtuoso que realizamos, de hecho, florece poco a poco el potencial verdadero y auténtico de nuestra naturaleza y, precisamente, en esta floración virtuosa consiste nuestra felicidad.

El segundo enfoque es, en cambio, por así decirlo, más tradicional y similar al procedimiento jurídico: este busca las normas que gobiernan el comportamiento humano midiéndolo y juzgándolo de acuerdo a su correspondencia con la misma norma. La tarea del moralista, según este enfoque, es comparable a la del juez que aplica la ley sin tener en cuenta las emociones o la felicidad del que es juzgado. Se puede decir, entonces, que no es una coincidencia que estos caminos se denominen «ética de la primera persona» (que se refiere al primer enfoque: yo busco mi felicidad) y «ética de la tercera persona» (con respecto al segundo: yo juzgo la conducta de los demás).

A pesar de que puedan parecer enfoques excluyentes entre sí, están relacionados e incluso se complementan. La ética de la virtud necesita reglas que marquen claramente el límite por debajo del cual no se debe ir: «no matar», «no robar», etc., son el *«mínimum»* ético, vigente también para quienes les mueve el elevado deseo de una fraternidad universal y actúan positivamente buscando vivir la caridad en todas las circunstancias. Por otro lado, incluso aquellos que tienden a enfatizar la importancia de las normas, necesitan una visión del hombre, es decir, una antropología, en la que se inserten las normas establecidas por el bien de la persona. Esto muestra cómo las dos visiones no son ni exclusivas ni excluyentes, sino complementarias.

En lo que sigue se hablará de la justicia entendida como virtud, pero conviene no olvidar que la justicia está grabada en el corazón humano en color claro sobre un fondo oscuro, lo cual manifiesta aún más su belleza. Este fondo oscuro es la experiencia de la injusticia y el color claro es la experiencia del amor.

Elegí este punto de partida, porque cada reflexión ética siempre parte de una experiencia moral. La ética es la reflexión sistemática y científica sobre nuestros juicios de la razón práctica. Estos juicios se identifican con nuestros actos. Antes de hacer ética ya vivimos una ética determinada. La ética como ciencia especulativa es precisamente una reflexión sobre nuestras acciones y nuestra experiencia. La justicia, de acuerdo con una célebre definición, es la perpetua y constante voluntad de dar a cada persona lo que le es debido; lo primero que le debemos al próximo es su dignidad, aceptándolo como un portador de derechos y obligaciones morales exactamente como lo soy yo. Y eso lo experimentamos en el amor.

Expresión clásica y eterna de la trama entre el amor y la experiencia de la (in)justicia es *Antígona,* la tragedia de Sófocles. Sófocles vivía y escribía en el momento en que se formaron las *polis* griegas y, por lo tanto, tenía que afrontar el profundo cambio socio-político y cultural que esta transformación estaba implicando: se pasaba, de hecho, de un sistema monárquico, en el cual el derecho divino y las decisiones de los dioses regían la vida social humana (véase, por ejemplo, las grandes epopeyas de Homero), a un sistema republicano en el cual eran los hombres quienes se daban las leyes a sí mismos. Surgió, de esta manera y con mayor agudeza, la brecha entre la ley humana (*nomos*) y la justicia eterna de los cielos (*dike*). El genio de Sófocles logró plasmar problemas de grandísima hondura humana y filosófica, que otorgan a su relato una profundidad que, desde entonces, durante siglos, ha capturado la imaginación y los corazones de los hombres. Cabe señalar que el rol de quien encarna la justicia contra el abuso y los excesos de poder es representado por una mujer que, como se sabe, en aquellos días (y no solo entonces), era débil y sin ningún derecho. Ella, de hecho, encarna la eterna victoria del justo sobre el poder y así nos da, incluso, un código cultural con el cual podemos comprender la muerte redentora de Cristo, injustamente crucificado y victoriosamente resucitado.

Antígona, frente al mandato injusto del Rey Creonte de no enterrar el cuerpo de su hermano Polinices, se opone, en nombre de la justicia superior, a la mera ley humana y dice con coraje: «No era Zeus quien me la había decretado, ni Dike, compañera de los dioses subterráneos, perfiló nunca entre los hombres leyes de este tipo. Y no creía yo que tus decretos tuvieran tanta fuerza como para permitir que solo un hombre pueda saltar por encima de las leyes no escritas, inmutables, de los dioses: su vigencia no es de hoy ni de ayer, sino de siempre, y nadie sabe cuándo fue que aparecieron»[1].

La justicia, desde el inicio de la cultura occidental y de sus grandes narrativas éticas, se ha insertado en la experiencia de la injusticia y, en particular, en la tensión entre la ley humana escrita y la justicia superior no escrita y situada en un lugar más alto, es decir, la ley divina.

Esta forma de representar la justicia tiene, en efecto, un profundo fundamento antropológico: cada virtud, como hábito prefigurado de elección, se basa en una pasión. Las pasiones son fuerzas vitales, motores de nuestra actividad, sin las cuales no podríamos actuar, no nos moveríamos. Sin ellas no podríamos hacer nada. La justicia tiene sus raíces no tanto en una pasión específica, sino más bien, en la suma de las pasiones que se refieren a los demás. Nuestras relaciones con los demás siempre hacen referencia a fuerzas vitales precisas como el amor, el odio, el interés o la indiferencia, la atracción y el rechazo; y precisamente toda esta inmensa acumulación de fuerzas vitales, toda esta reserva inagotable de energía humana, constituye la «plataforma antropológica» de la justicia. En otras palabras, el sujeto inmediato de la virtud de la justicia

---

[1] SÓFOCLES, *Antígona.* En: http://espanol.free-ebooks.net/ebook/Antigona/pdf/view.

es la voluntad humana, y se refiere a los actos externos que afectan a otras personas. La justicia, comprendida como virtud, introduce en las relaciones humanas una medida objetiva de la razonabilidad que se expresa en la «regla de oro»: «haz a los demás lo que te gustaría que ellos te hicieran a ti» (en su formulación negativa: no se debe hacer a los demás lo que no se quiere que se haga a uno mismo).

El número de formas de relacionarse con los demás es, por supuesto, infinita: hay relaciones de amistad, de explotación, de opresión, de ayuda y de apoyo; existe persecución, rivalidad, amor, poder, etc. En todas estas relaciones, la justicia juega un papel importante, pero es en la relación de poder donde alcanza su mayor importancia. El poder es la capacidad de forzar a alguien a hacer algo. Es un fenómeno que en la sociedad humana existe y siempre existirá. La política, la economía, los medios de comunicación, la religión, la familia, etc., tienen todos su propio poder específico. El problema, hábilmente descrito por Lord Acton, consiste en el hecho de que «el poder tiende a corromper y el poder absoluto corrompe absolutamente». Y es aquí donde entra en juego la función hermosísima y absolutamente perentoria de la justicia: ella es el hábito humano que previene la corrupción del poder y la convierte en autoridad. La autoridad, por su parte, es un don precioso, sin el cual no puede sostenerse ninguna comunidad. La justicia es la virtud de los poderosos que los convierte en personas de autoridad. Cada uno de nosotros tiene diferentes talentos, aspectos del saber y del carácter, gracias a los cuales puede transmitir a los demás algo que ellos no tienen; al mismo tiempo, los que dieron, a su vez, necesitan recibir de los demás. El término autoridad viene del latín *augere* y significa ampliar, engrandecer: una persona que posee esta característica hace grandes a los demás con quienes convive. Tener autoridad no significa tener una actitud arrogante con la cual hacer pesar constantemente su superioridad. Podemos comparar la verdadera autoridad a un ascensor que permite a los demás elevarse sin esfuerzo, razón por la cual resulta absolutamente bueno y agradable para los demás tener este apoyo. Dicho en términos de gestión: en todas las instituciones, de hecho, la autoridad es necesaria y esencial para un buen liderazgo y un buen gobierno corporativo.

El filósofo Jan Bochenski identifica en este sentido dos tipos principales de autoridad: por una parte, la autoridad ontológica, por otra parte, la deontológica. La primera consiste en la calidad y las propiedades personales que dan, en algunos aspectos, una superioridad natural frente a los demás; se suele distinguir en:

— *referent power*: la simpatía personal que atrae y arrastra;
— *expert power*: conocimientos superiores y habilidades confieren una autoridad para mandar, por ejemplo, al piloto del avión;
— *information power*: quien primero logra adquirir cierta información tiene una ventaja natural sobre los que carecen de esa información.

El segundo tipo, la autoridad deontológica, trae el propio fundamento de un oficio o de un encargo: la sociedad (o comunidad), de hecho, atribuye un conjunto de facultades, competencias y discreción al titular de un determinado oficio, de modo que este tiene una autoridad basada en la capacidad de recompensar *(reward power)* o castigar; y, por lo tanto, puede constreñir *(coercive power)*. Como se puede intuir, la autoridad deontológica puede correr el riesgo de decaer en puro poder. Nicolás Maquiavelo (1469-1527), político, filósofo y escritor italiano, describió con considerable influencia cultural la política como una técnica para conservar el poder con casi cualquier medio. También hoy en día existe lo «maquiavélico», y a menudo, este es justificado como «pragmatismo» o como «realismo». En efecto, las maneras para ser injusto son múltiples y, a veces, pueden pasar también desapercibidas. Hay abusos evidentes cuando la persona que lo posee lo utiliza injustamente perjudicando, por ejemplo, los derechos de los demás. Puede haber un abuso incluso cuando son equivocados los motivos que mueven al ejercicio del poder; como por ejemplo, la vanagloria. Aún más insidiosas son las injusticias cometidas por omisión: una persona que debería ejercer la autoridad, y no lo hace por negligencia o cobardía. Podemos decir tranquilamente que la autoridad deja de ser tal cuando no hace grandes a los demás, sino que tiende, en cambio, a exaltarse a sí mismo.

2. La sabiduría de los siglos

En general, el peligro de la injusticia surge cuando hay relaciones asimétricas de poder. Estas asimetrías son particularmente frecuentes en la vida económica y política. No es de extrañar entonces que ya las primeras grandes concepciones filosóficas, de las cuales somos todos deudores, hayan centrado sus investigaciones precisamente en esta intersección entre justicia individual y orden social. Platón escribió su *Politeia* (*República*) con el fin de descubrir lo que era la justicia para el hombre y para la república (que llama *makroanthropos,* hombre grande). Su desafío intelectual fue averiguar cuál era la justicia comprendida como virtud individual, deduciéndola del Estado considerado como un «gran hombre». De igual modo que una persona con visión defectuosa lee mejor las letras grandes que las pequeñas, así, argumenta, podremos entender mejor la justicia si la miramos en el gran conjunto del Estado. Y seremos así capaces de deducir criterios justos para la vida individual. Platón identifica la justicia con el equilibrio entre todos los componentes de la polis y, de manera análoga, el equilibrio entre las partes del alma. El filósofo compara las potencias del ser humano con un carro con dos caballos donde los dos tienen que empujar en la misma dirección. Así también en el hombre, razón y voluntad, alma y cuerpo, deben actuar bajo la dirección de la virtud. El resultado de tal armonía, en el Estado y en el ser humano, se llama justicia. Entre tantas hermosísimas intuiciones e imágenes (por ejemplo, el Mito de la Caverna) existentes en la *República* de Platón, se encuentran sin embargo pasajes que son incompatibles con el principio de la dignidad humana: el autor propone una especie de selección eugenésica a fin de mantener la pureza de la raza y una comunión de los bienes, las mujeres y los niños en la clase social más alta, la de los guardianes.

Aristóteles, en este sentido, da un paso adelante significativo: en su *Política,* de hecho, critica al amigo Platón. En su opinión, este es culpable por confundir las diferentes realidades sociales, que más bien deberían ser diferenciadas. El hombre, la familia y el Estado son, según Aristóteles, diferentes ámbitos sociales, y cada uno de ellos tiene su propia lógica y su propio *ethos.* En particular, cada ámbito requiere su propia ética: la persona individual, la ética individual; la familia, la economía, de *oikos-nomos;* el Estado, finalmente, requiere la política, la forma más alta de la ética, que es una virtud «arquitectónica». Con esta expresión, Aristóteles desea decir que la política construye y delinea todas las demás virtudes. En el quinto libro de la *Ética a Nicómaco,* establece distinciones y definiciones no superadas hasta hoy. Volveremos más adelante sobre esto.

Se dice que la civilización occidental está construida sobre tres colinas: Atenas, Roma y Jerusalén. Después de Grecia, el derecho romano influyó fuertemente en las concepciones y en el desarrollo de la comprensión de la «justicia». La famosa definición de Ulpiano fue confirmada por los escolásticos de la Edad Media y se mantuvo vigente hasta la jurisprudencia moderna: «La justicia es la constante y perpetua voluntad de dar a cada uno lo que es suyo». Los juristas romanos, incluso más que los grandes legisladores griegos, lograron traducir los principios abstractos de justicia en reglas y normas concretas, que han prestado soporte jurídico a un vasto imperio con significativos períodos de paz y cohesión social. Por un lado, la convicción de la importancia de las leyes para la vida social y, por otro, el principio de la igual vigencia de la ley para todos (isonomía), constituyen la gran herencia de la antigüedad, que se tradujo en la época moderna en la idea del *«rule of law»*. Según ella, incluso los gobernantes y legisladores están sujetos a la ley: su poder, de hecho, no es ilimitado, ya que existen normas previas de una justicia superior (ley natural), a la cual ellos mismos deben servir.

En la cultura helenística irrumpió posteriormente la revelación cristiana, que universalizó la Biblia hebrea. Aunque la caridad no está ausente en el Antiguo Testamento, la virtud social por excelencia es la justicia *(sedaqah)* y la relación social más subrayada es el derecho *(mispat)*. En la Biblia, Dios es el Justo por excelencia ya que establece una Alianza salvífica con su pueblo, al cual es indefectiblemente fiel. Del mismo modo, el énfasis del Nuevo Testamento sobre la caridad, mandamiento supremo y vínculo de la perfección, presupone la justicia y contiene, al mismo tiempo, la más enérgica condena de la injusticia.

Justicia y caridad, por tanto, son los dos principios sociales que configuran la vida de la comunidad. La tradición cristiana desde la época de los Padres de la Iglesia repite con insistencia este binomio «justicia-caridad», aunque con una considerable amplitud terminológica.

Lactancio (250-325), por ejemplo, maestro de la corte del emperador Constantino, señala que la justicia no es solo equidad, que incluso los paganos conocen, sino que es sobre todo piedad. Si falla la piedad hacia Dios, por cuya paternidad somos hermanos, no habrá ni siquiera equidad. Agustín (354-430) acuñó la famosa frase: «Sin la justicia, ¿qué son los Estados sino grandes bandas de ladrones?»[2]. En este contexto, el mismo Agustín nos cuenta la historia del pirata que, capturado por Alejandro Magno y llevado ante el general para ser procesado, se defendió con gran valentía y sinceridad: «¿Cuál es la diferencia entre tú y yo? Lo que tú haces con diez mil soldados yo lo hago con un barco». Para Agustín, todas las virtudes eran formas de la caridad. También la justicia es «el amor que sirve exclusivamente a lo que se ama y que, debido a eso, domina con rectitud»[3]. Esta domina de manera congruente y razonable, y no con la *«dominandi libido»,* como Agustín sintetiza su crítica del Imperio Romano[4].

También Tomás de Aquino —el escolástico que describió, del modo más sucinto posible, la concatenación entre la ley eterna, la ley natural y aquella humana— atribuye a la justicia un papel fundamental en el ordenamiento jurídico de la sociedad. Es absolutamente indispensable hacer hincapié en este aspecto, porque así se evita el peligro del «Estado ético», es decir, de un Estado que impone sanciones penales a todo el

---

[2] *De civitate Dei*, IV, 4. En: www.sant-agostino.it/latino/cdd/index2.htm.

[3] *De moribus ecclesiae Catholicae* I, 15 (25); NBA XIII/1, 52s. En: www.sant-agostino.it/italiano/costumi/index2.htm, 15 de mayo de 2010.

[4] *De civitate Dei*, XIV, 28. En: www.sant-agostino.it/latino/cdd/index2.htm.

contenido ético (se obligaría así a los ciudadanos a ser virtuosos por medios coercitivos). Santo Tomás afirma que la ley no debe prescribir todo el contenido de la ley moral, sino solo la parte que corresponde a la justicia. En particular, los comportamientos externos que afectan a los demás pueden ser regulados por la autoridad pública. «La justicia es la virtud directriz de la sociedad humana»[5]. Además, tampoco es estrictamente necesario que sean analítica y exhaustivamente regidos por ley estatal todos los imperativos de la justicia: el legislador, de hecho, debe evaluar cuidadosamente si, en determinados casos y bajo ciertas condiciones, no es preferible tolerar un mal menor a fin de evitar uno mayor (tales como una revolución o una guerra civil).

Teniendo en cuenta las reflexiones de la época moderna y contemporánea, grandes pensadores como Kant, Hegel, Hayek, Rawls, Sen, Sandel, Walzer, Etzioni y muchos otros basan su filosofía política sobre la justicia, atribuyéndole una importancia central.

3. ¿Qué es la justicia?

Llegados a este punto, la cuestión es ya verdaderamente urgente: ¿Qué es la justicia? Volvamos a las distinciones y definiciones que Aristóteles hace en su *Ética a Nicómaco.* El filósofo distingue tres tipos principales de justicia: distributiva, conmutativa y general (o legal).

La justicia distributiva se refiere a la relación entre comunidad e individuo, es decir, a la relación *top down.* Quien tiene la responsabilidad de la comunidad debe garantizar la

---

[5] *Suma Teológica,* Segunda sección de la Primera parte, cuestión 100, artículo 2, corpus.

distribución equitativa de los bienes comunes y de las cargas entre los miembros de la comunidad. Esta es la tarea típica del Estado que, a través de impuestos, permisos, concesiones y servicios se ocupa del bien común terrenal para construir una sociedad con paz, libertad e igualdad. El Estado, desde este punto de vista, no debe tratar a todas las personas y las circunstancias de la misma manera, sino que debe evaluar cuidadosamente las diferencias reales, a fin de corresponder a las necesidades y los méritos de los individuos. Tratar a todos de la misma manera sería injusto: de hecho, las necesidades de un niño son diferentes de las de un adulto y, de la misma manera, las necesidades de un hombre sano en comparación con las de un enfermo; las de un empresario en comparación con las de alguien que trabaja en el servicio público, etc. La justicia distributiva puede compararse al comportamiento de la madre que da a cada niño lo que a él le conviene: al que debe comer más le ofrece más alimentos, al que está enfermo le prepara una comida especial... En términos matemáticos, la justicia distributiva exige una proporcionalidad geométrica (2:4 = 6:12): el punto de comparación radica en la relación entre las dos realidades juzgadas. 4 es el doble de 2, así que, para mantener la misma proporción en el término comparado, 6 también tiene que ser duplicado. No basta añadir la mera diferencia con una adición aritmética, sino se requiere una multiplicación. La justicia distributiva es la virtud que configura el bien común, y, por lo tanto, este también se rige con la lógica de la proporción geométrica. En palabras figuradas, el bien común no es una suma, es un producto, una multiplicación. Si en una multiplicación un factor es cero, su resultado también es cero; en una adición, por el contrario, si un elemento es cero, la suma no cambia. Con ese símil se hace patente que, para conseguir un auténtico bien común, cada persona cuenta, y nunca puede ser tratada como un «cero»: porque toda la comunidad sufriría y el bien común en sí mismo sería cero. Mil egoísmos sumados no dan un bien común: solo cuando uno entra en la lógica de sacrificar su interés personal en los casos en que el bien de los otros lo exige, nace la comunión verdadera.

La justicia conmutativa, en cambio, se refiere a la relación entre individuos y, por lo tanto, a una relación entre personas puestas en pie de igualdad. Encontramos este tipo de justicia en la economía, en el comercio y, en general, en todos los contratos de tipo sinalagmático. Esa justicia es típica del mercado y del juez que debe determinar el monto, por ejemplo, de una indemnización: el valor del daño causado culpablemente debe ser restituido en la cantidad exacta, ni más ni menos. En términos matemáticos, la justicia distributiva requiere una proporcionalidad aritmética (2:4 = 6:8). En este caso, el punto de comparación es la igualdad de la cantidad: es una adición en la que el valor 2 se incrementa en 2 y, por lo tanto, al otro lado de la balanza habrá que añadir otro 2.

Finalmente la justicia general o legal se refiere a la relación entre los individuos y la comunidad, es decir, a la relación *bottom up*. Cada individuo tiene la obligación de procurar el bien común de la sociedad. Nadie está autorizado a ver el Estado como un autoservicio o como un simple proveedor de beneficios. Por el contrario, como dijo John F. Kennedy en 1961, no preguntemos qué podemos esperar del Estado, sino, por el contrario, qué podemos nosotros hacer por el Estado. La Doctrina Social de la Iglesia apoya firmemente la necesidad de la solidaridad hacia los pobres, y por ello también obliga a la institución estatal a ser un último recurso para la obtención de ayuda, cuando las otras posibilidades se han agotado; al mismo tiempo, afirma con la misma fuerza el principio de la subsidiariedad: los entes inferiores (individuos, familias, asociaciones, sociedad civil) deben hacer todo lo posible para resolver los problemas por sí mismos y ayudar también a las necesidades de la comunidad.

La consideración de la justicia legal nos permite dirigir nuestra atención al bien común de la sociedad en que vivimos y a la que contribuimos. Vemos que hay algunas sociedades que poseen un bien común indivisible y otras que poseen bienes comunes divisibles. Un ejemplo del primer tipo son los matrimonios: lamentablemente, un matrimonio puede terminar en un divorcio. Cuando esto sucede, no podemos decir que se divide de esta manera el bien común del matrimonio, ya que no sería posible dividir entre ambos las dos mitades del «estar casados»: el bien común del matrimonio es el estar juntos y, precisamente, consiste en ese bien de comunión. Es posible dividir los bienes materiales comunes (dinero, coche, casa, etc.), pero nada más. Además de la familia, el Estado, la Iglesia y tal vez una universidad pueden ser considerados casos que caen dentro de este género.

Ejemplo de otro tipo sería en cambio una sociedad anónima, en la que cada socio tiene una participación que coincide con un determinado porcentaje del valor total. Cuando uno quiere dejar la sociedad, vende sus títulos y recibe el valor correspondiente. Los bienes comunes, asignados de acuerdo a la proporción de cada uno, son entonces divididos: cada uno toma lo suyo, no se destruye sino la posibilidad de ganancia, y sin embargo... se destruye siempre algo más. En una empresa o en una unidad de producción, trabajan hombres que están juntos, estrechan relaciones de amistad, crean oportunidades sociales, etc. La persona humana es un ser relacional, por definición: tan pronto se encuentra con otros, crea comunidad. Así que incluso una empresa o una unidad de producción posee un bien común.

San Juan XXIII lo expresó en otras palabras: Una empresa no es solo una unidad de producción, sino también una «comunidad de personas»[6]. También coincide con él un conocido autor no eclesiástico: «*Management* se refiere a seres humanos». Y continúa:

«Es su tarea lograr que las personas sean capaces de actividades conjuntas, proveer que sus puntos fuertes (*strengths*) sean eficaces y sus debilidades irrelevantes. A ello apuntan las organizaciones, y esa es la razón por la que la gestión (*management*) es un factor crítico, determinante[7]».

Pero la justicia no solo tiene consecuencias para los directivos: cada empresario, empleado, obrero y, en general, cada persona que trabaja en modo estable y serio para los demás, de hecho, ejercita un tipo de poder. Lo recibe no para sí, sino para usarlo correctamente en interés de la empresa y de los demás. Es una tarea, una responsabilidad de servicio y no un privilegio para lograr ventajas personales. Esto implica el cumplimiento diligente de todas las obligaciones inherentes al propio cargo, teniendo cuidado para evitar posibles omisiones.

Consecuencia práctica de esta actitud es un modo de actuar respetuoso hacia los demás de acuerdo con la regla de oro: actuar sin negligencia y sin impulsividad o precipitación. En pocas palabras: «Santificar el trabajo, santificarse en el trabajo y santificar a los demás con el propio trabajo»[8]. A menudo, es

---

[6] SAN JUAN XXIII, Encíclica *Mater et magistra*, n. 142.

[7] Peter F. DRUCKER, *On the profession of Management*, Harvard Business School Publishing, 2003, p. 172. «*Management is about human beings. Its task is to make people capable of joint performance, to make their strengths effective and their weaknesses irrelevant. This is what the organization is about, and it is the reason that management is a critical, determinant factor*».

[8] Cfr. San Josemaría ESCRIVÁ, *Es Cristo que pasa*, n. 122 y *Amigos de Dios*, n. 65. Ambos en Rialp, Madrid.

bueno recordar que el propio comportamiento será tomado por los demás como un modelo. Por lo tanto, debemos evitar ser absorbidos por completo por lo inmediato y lo urgente, y debemos mantener las ocasiones y momentos de reflexión para pensar: pensar, de hecho, requiere detener la avalancha o la carrera del trabajo diario para meditar. La meditación abre los ojos del corazón a las necesidades de los demás y nos permite verlos como seres humanos, no como piezas de una maquinaria. Es precisamente a esta visión donde nos quiere llevar el Papa Francisco.

4.
EL AMOR A LOS POBRES. EL PROYECTO DE TRANSFORMACIÓN CULTURAL EN EL PAPA FRANCISCO

1. ¿Cuál es la intención del Papa cuando habla de pobreza? ¿Está contra la economía?

El Papa Francisco no ha elegido su nombre solo por devoción a uno de los santos más populares de la historia cristiana. Su nombre es un programa. Él mismo lo está constantemente explicando y demostrando a través de sus discursos y gestos. Desde el inicio de su pontificado, ha dejado claro que la elección del nombre del santo de Asís se debe a su gran amor por la pobreza y los pobres. De hecho, este amor es un rasgo fundamental de la espiritualidad franciscana.

El amor del Papa Francisco a los pobres es en primer lugar un amor cristiano, con un fin eminentemente teológico y pastoral. Él mismo lo afirma así: «La pobreza, para nosotros cristianos, no es una categoría sociológica o filosófica y cultural: no; es una categoría teologal» (Discurso, 18 de mayo de 2013; semejante en *Evangelii gaudium,* n. 198). Además, se inserta plenamente en el programa de transformación cultural iniciado por Benedicto XVI que llamamos la «nueva evangelización»: «Ellos (los pobres) tienen mucho que enseñarnos. Además de participar del *sensus fidei,* en sus propios dolores conocen al Cristo sufriente. Es necesario que todos nos dejemos evangelizar por ellos. La nueva evangelización es una invitación a reconocer la fuerza salvífica de sus vidas y a ponerlos en el centro del camino de la Iglesia. Estamos llamados a descubrir a Cristo en ellos, a prestarles nuestra voz en sus causas, pero también a ser sus amigos, a escucharlos, a interpretarlos y a recoger la misteriosa sabiduría que Dios quiere comunicarnos a través de ellos» (*Evangelii gaudium,* n. 198). Es esta la razón, explica el Papa Francisco, de por qué quiere una «Iglesia pobre para los pobres». En sus gestos y obras, Francisco expresa lo que Benedicto XVI había enseñado con sus encíclicas, dos de las cuales llevan el nombre de caridad explícitamente en su título: *Deus caritas est,* de 2005, y *Caritas in veritate,* de 2009. La caridad, y más aún, el cariño, es la fuerza motriz central, el argumento más convincente, el aspecto que más arrastra a las personas hacia una transformación personal y cultural, como ya hemos dicho en capítulos anteriores. La fe cristiana genera cultura humana, pero la cultura cristiana comienza con el amor a los pobres. En un discurso, que ya se citó en un capítulo anterior, el Papa Francisco lo formuló de este modo: «La Iglesia siempre ha estado presente en los lugares donde se elabora la cultura. Pero el primer paso es siempre la prioridad a los pobres. No obstante, también debemos ir a las fronteras del intelecto, de la cultura, en la altura del diálogo, del diálogo que hace la paz, del diálogo intelectual, del diálogo razonable. ¡El Evangelio es para todos! Esto de ir a los pobres no significa que tengamos que hacernos "pauperistas" o una especie de "mendigos espirituales". No, no, no significa esto. Significa que debemos ir hacia la carne de Jesús que sufre, pero también sufre la carne de Jesús de aquellos que no lo conocen con su estudio, con su inteligencia, con su cultura. ¡Debemos ir allí! Por ello me gusta usar la expresión "ir a las periferias", las periferias existenciales. A todos, a todos ellos, desde la pobreza física y real a la pobreza intelectual, que es real también. Todas las periferias, todos los cruces de caminos: ir ahí. Y ahí sembrar la semilla del Evangelio con la palabra y con el testimonio».

Se han repetido a propósito estas palabras porque pueden dar paz a quienes quizás no estamos inmediatamente involucrados en la atención social de mendigos y pobres, en el sentido material de la palabra. Una persona que saca adelante su familia, intenta darles una vida digna y feliz, una educación buena, etc., y sencillamente tiene ya todo el día ocupado con un trabajo intenso, fácilmente se podría sentir superado por las exigencias del Papa. Sería sin duda contrario a la voluntad de Dios abandonar los deberes profesionales, religiosos y familiares para atender a los menesterosos. Se trata más bien de hacer un examen de conciencia personal sobre la «benevolencia», como llamaban los estoicos, y luego los Padres de la Iglesia como Ambrosio, al segundo principio social después de la justicia. Benevolencia significa «querer el bien», «tener un corazón grande» para las necesidades de los demás. Esa actitud de buena voluntad, de caridad social, hará ver lo que cada uno y cada una puede y debe hacer en sus circunstancias concretas. Quizás es ese «poco más» que nos resulta posible sin abandonar otros deberes.

En este contexto, sin embargo, puede ser útil recordar una máxima de la moral católica: los actos «supererogatorios» no son necesarios. Un acto supererogatorio es el acto mejor que existe para cada acto bueno. Se haga lo que se haga siempre habrá algo que habría sido mejor. Quien va al cine con una amiga, podría haber dado el dinero a los pobres o haber estudiado, trabajado, etc.; quien invita a sus amigos a una comida, podría haber dado la suma gastada a la beneficencia, etc. La lista se podría alargar infinitamente, y al final la persona que debe actuar se queda en una situación perpleja, o se lía con escrúpulos. Lo que la virtud requiere es actuar bien, es decir, cumplir aquellos actos que la virtud cardinal de la prudencia enseña como buenos y razonables, y no el acto «mejor» que existe para cada uno. El Espíritu Santo, con sus dones e inspiraciones, indica las veces en las que una situación requiere una actuación heroica que va más allá de esa medida de virtud razonable y normal.

En su Exhortación apostólica *Evangelii gaudium* (la alegría del Evangelio), el Papa Francisco ha propuesto un programa de evangelización. No se trata de un documento social, pero como marco para sus exhortaciones espirituales y pastorales, hace de pasada algunas consideraciones que pueden servir para afrontar la lucha contra la pobreza en el mundo desde el punto de vista de la ética social estructural católica.

No pocas personas (entre las que se incluye el autor de estas líneas) cometieron un error cuando el Papa Francisco (que, por cierto, firma su documento como mero «Francisco», sin «Papa») publicó la *Evangelii gaudium:* por las voces críticas que se habían levantado acerca de algunos pasajes con implicaciones económicas, leímos primero y antes que nada los números 52 a 60 que, en tonos fuertes, tratan cuestiones de la economía. Ese modo de proceder estropea bastante la comprensión de este documento revolucionario, y puede hacer pensar que es contrario a la economía de mercado, anti-estadounidense, anti-finanzas, «anti-todo-lo-que-funciona». Sin embargo, una vez leído todo el texto en español (la traducción en inglés no está libre de errores), la percepción cambia por completo.

Desde el inicio el Papa explica que está escribiendo un documento programático para los primeros años de su pontificado sobre la evangelización, y no sobre la doctrina social. «Este no es un documento social», afirma (n. 184). Para las enseñanzas magisteriales sobre esos temas remite al Compendio de la Doctrina Social de la Iglesia. En cambio, en la Exhortación quiere dirigirse a los fieles cristianos «para invitarlos a una nueva etapa evangelizadora marcada por esa alegría, e indicar caminos para la marcha de la Iglesia en los próximos años» (n. 1). Además, presupone los anteriores documentos del magisterio universal y de las conferencias episcopales de todo el mundo, por lo tanto también las encíclicas *Centesimus annus* y *Caritas in veritate,* que tratan extensamente de cuestiones de ética política y económica (n. 51). Sobre todo, en su encíclica *Centesimus annus,* Juan Pablo II hace suyos los avances sociales logrados por el sistema moderno liberal, sin dejar de señalar sus límites. Alaba el mercado libre como la mejor institución para la distribución de bienes y de recursos, a la vez requiere un sistema legal y reglas éticas para la economía, e indica que existen bienes que no se pueden negociar en el mercado. Juan Pablo II distingue un capitalismo bueno que favorece la empresa, la creatividad y la innovación, de un capitalismo malo, sin ética, en un espacio de ilegalidad y sin referencia sobrenatural. Todo eso no se revoca en *Evangelii gaudium.*

Es importante además notar que, en este documento, el Papa afirma repetidamente que no es su tarea analizar ni proponer soluciones concretas para los problemas sociales o económicos específicos (por ej. n. 51, 182, 184): «Además, ni el Papa ni la Iglesia tienen el monopolio en la interpretación de la realidad social o en la propuesta de soluciones para los problemas contemporáneos» (n. 184). A la vez, reclama el derecho de los pastores de la Iglesia a concretar los principios para no quedarse en generalidades (n. 182). Para interpretar bien este pasaje habrá que tener en cuenta el Concilio Vaticano II, que, en su Constitución pastoral *Gaudium et spes*, n. 76, limita la competencia del Magisterio a emitir su juicio moral sobre cuestiones particulares de orden político «cuando lo exijan los derechos fundamentales de la persona o la salvación de las almas».

Teniendo en cuenta la intención del Romano Pontífice, expresada en su texto, parece claro que nadie debe utilizarlo como un documento de la doctrina social: ni los partidos socialistas que se sienten confirmados en sus políticas de redistribución, ni los partidos de derecha o los economistas liberalistas que critican el documento por sus enseñanzas sociales. Ciertamente, los pasajes sobre economía y cuestiones sociales en general (n. 52-60; 177-241) contienen frases (¿o es su tono?) que no encajan en el modo de pensar de la cultura moderna liberal occidental y en las ciencias sociales y económicas actuales. También es verdad que se podrían haber redactado de manera diferente (pero ¿quién soy yo para enseñar al Papa?). Sin embargo, su importancia en el conjunto del documento no debe ser sobreestimado. Las evaluaciones económicas en «la alegría del Evangelio» son secundarias, en el sentido de que solo constituyen el marco en el que se llama a los cristianos a su misión. Son una llamada a la humildad intelectual: como el Papa renuncia al monopolio interpretativo, también deberían hacer una tregua los grupos que, desde la derecha y la izquierda, intentan usar el magisterio católico para apoyar sus fines institucionales. No pocos católicos que ahora alaban al Papa, en realidad están queriendo alabar sus propias ideas, y miden al Papa según ellas. Le siguen solo selectivamente, cuando les conviene y en los puntos que encajan en sus programas personales. Estamos lejos de una aceptación humilde y respetuosa de lo que el Santo Padre propone a los fieles. Lo mismo vale para aquellos fieles que apoyan fervorosamente la doctrina sobre la vida inocente del no nacido y la familia, pero no dudan en criticar, a veces amargamente, las encíclicas sociales.

En realidad, el magisterio deja libres a los fieles en el campo económico, en cuanto a: 1) la constatación de los hechos; y 2) la implementación de los fines. Primero, la renuncia al monopolio sobre la interpretación moral de los fenómenos sociales deja suficiente espacio a la economía, en su dimensión empírica, para reunir de manera objetiva y analizar los datos. Los hechos son los hechos, en su mayoría muy complejos; su interpretación moral es otra cosa, aunque, ciertamente, también la constatación de hechos requiere una hermenéutica científica, es decir una interpretación. Segundo, los fieles quedan libres para buscar el modo de implementar los fines que el Papa Francisco recuerda y encomienda a la conciencia cristiana. Esos objetivos se derivan de la expresión positiva de los bienes que el Santo Padre desea defender cuando critica ciertas prácticas que considera inadmisibles. En palabras más sencillas: siempre que el Papa dice que no a un abuso o a una práctica inmoral, esa condena protege un valor. Concretamente, decir que no a una economía que mata, presupone el valor de la vida humana, y por lo tanto dice que sí a una economía que vivifica y da la vida; decir que no a una economía que excluye a los pobres equivale a desear una economía que los incluya; condenar una economía sin ética y una economía financiera «creativa», que se ha desligado de la economía real, reclama una economía ética y al servicio de las necesidades empresariales y del trabajo; condenar la corrupción empuja a sanarla y extirparla. Así se podría continuar la lista. De todos modos, para hacer algo positivo no basta saber lo que está mal, sino individuar los valores por los que vale la pena esforzarse. Es decir, hay que convertir los noes en síes: con una gota de miel se cazan más moscas que con una jarra de vinagre. En su mensaje al *World Economic Forum* en Davos en 2014[1], el Papa Francisco ha seguido exactamente esa misma línea: expresar en términos positivos y alentadores lo que había escrito en tono más negativo en *Evangelii gaudium.* En este sentido, comentando *Evangelii gaudium,* el cardenal Marx ha escrito que criticar el capitalismo no es la solución. Hacen falta programas que pongan el mercado, la sociedad y el Estado en una nueva relación recíproca a nivel global[2].

En ese sentido, los objetivos, que el Santo Padre propone para la economía pueden motivar. Suponen, para los laicos en general y para los que trabajan en la economía, un desafío para encontrar las maneras específicas de ponerlos en práctica. Las metas altas, si son utópicas, pueden desanimar; pero pueden estimular la creatividad y el genio humano para superarse y vencer los obstáculos, si el bien futuro que ha de conquistarse es arduo pero posible. En estos casos interviene la virtud de la esperanza para llevar a cabo metas heterotópicas, es decir, situaciones que no se dan normalmente pero que son alcanzables. Este parece ser el caso de los objetivos propuestos por el Papa en *Evangelii gaudium,* y entre esos objetivos se encuentran las siguientes palabras que dirige a los líderes de la economía.

---

[1] Disponible en: http://www.vatican.va/holy_father/francesco/messages/pont-messages/2014/documents/papa-francesco_20140117_messaggio-wef-davos_sp.html.

[2] Reinhard MARX, «Oltre il Capitalismo», *L'Osservatore Romano,* 10 enero 2014, p. 5.

2. Las palabras del Papa Francisco a los líderes de la economía

1. La fe cristiana tiene una dimensión social. Como demuestra la vida de la comunidad apostólica en Jerusalén, descrita en los Hechos de los Apóstoles, la fe cristiana siempre se despliega en el primer anuncio de la fe, la catequesis, la liturgia y la diaconía, o sea el servicio de caridad a los que sufren (cfr. *Hch* 2, 42-45; 4, 32-35). Cada uno de esos elementos es imprescindible para la Iglesia. Ciertamente, la santidad es personal, pero no existe santidad sin amor al prójimo, sin indignación ante las injusticias y sin preocupación por los que padecen estrecheces y apuros. Olvidar eso significaría caer en un «individualismo salvífico» que se ocupa exclusivamente de las propias excelencias y la piedad individual.

2. Los pobres deben ser incluidos en la economía de mercado, que les da acceso a la creación de riqueza. Necesitamos reformas estructurales que den a los pobres la dignidad de ganarse su propio sustento, dijo el Papa el 25 de mayo de 2013. En *Evangelii gaudium*, n. 202, subraya: «La necesidad de resolver las causas estructurales de la pobreza no puede esperar, no solo por una exigencia pragmática de obtener resultados y de ordenar la sociedad, sino para sanarla de una enfermedad que la vuelve frágil e indigna y que solo podrá llevarla a nuevas crisis. Los planes asistenciales, que atienden ciertas urgencias, solo deberían pensarse como respuestas pasajeras». Y algunas líneas antes: «En el trabajo libre, creativo, participativo y solidario, el ser humano expresa y acrecienta la dignidad de su vida» (n. 192).

3. Justicia y equidad son necesarias para la economía. Se ha tratado ampliamente del tema de la justicia en otro capítulo. Aquí solo queremos subrayar la centralidad, para el Papa

Francisco, del concepto «inequidad». Por ejemplo, afirma: «Mientras no se resuelvan radicalmente los problemas de los pobres, renunciando a la autonomía absoluta de los mercados y de la especulación financiera y atacando las causas estructurales de la inequidad, no se resolverán los problemas del mundo y en definitiva ningún problema. La inequidad es raíz de los males sociales». Y añade: «Esto implica "eliminar las causas estructurales de las disfunciones de la economía mundial"» (*Evangelii gaudium,* n. 202 y nota a pie de página 173). Aquí se mezclan y se confunden muchos conceptos: en ninguna parte del mundo (excepto en el mercado negro) existe una «autonomía absoluta de los mercados», y también un cierto tipo de especulación financiera, si es empleada bien, puede servir a causas honestas y al bien común[3]. Sin embargo, más allá de esos aspectos técnicos y secundarios, el Papa, ejerciendo su ministerio profético, levanta su voz para denunciar un mal social verdadero: la exclusión estructural e injusta de los pobres de la posibilidad de alcanzar prosperidad por sus propios esfuerzos. Se opone a que las personas sean tratadas como meras piezas sin alma en un gran mecanismo anónimo, que se pueden sacrificar sin más a fríos cálculos. Eso parece ser lo que el Papa quiere expresar con la palabra *«inequidad»*. Sin embargo, quedan muchas dudas. Según el Diccionario de la Real Academia Española, la palabra «inequidad» no existe. No queda claro si el Papa desea decir «iniquidad», que significa «maldad, injusticia grande», o bien lo contrario de «equidad», que se explica, en el mencionado diccionario, como «igualdad de ánimo, bondadosa templanza, justicia natural, moderación en el precio de las cosas, disposición del ánimo que

---

[3] Cfr. Eduardo CAMINO, *Ética de la especulación financiera,* Madrid: Unión Editorial, 2004.

mueve a dar a cada uno lo que merece». En todo caso, en la palabra «inequidad» queda expresada una fuerte connotación de injusticia. La versión oficial inglesa, sin embargo, traduce el concepto «inequidad» directamente con «*inequality*» (desigualdad). Eso es un error grave, porque desigualdad no es sin más injusticia. Injusticia siempre se refiere a actos humanos moralmente malos, a pecados, no a situaciones o diferencias fácticas. Nadie nace igual a otra persona, todos somos de algún modo desiguales. Querer uniformar a todos acaba en totalitarismo. Incluso una sociedad que diera absoluta igualdad de oportunidades a todos (cosa que sería bonita pero no es posible) acabaría en una desigualdad de resultados, porque los talentos, la diligencia, la motivación de las personas difieren. Situaciones desiguales o prosperidad desigual pueden ser el resultado de actos injustos o de estructuras injustas, por ejemplo de leyes que excluyen la competencia y otorgan monopolios legales. Entonces son también ellas injustas. Cuando la desigualdad consiste en que algunos viven en pobreza absoluta y otros en sobreabundancia, entonces la conciencia cristiana impulsa a los ricos a reaccionar: no ayudar en casos de emergencia humanitaria y no incluir a los pobres en los circuitos de la producción de la prosperidad sería una manifestación de dureza de corazón que es un pecado, una falta de justicia y de misericordia. Con razón, se contempla con preocupación que la desigualdad en el mundo está creciendo, porque la extrema desigualdad crea tensiones sociales y estalla en violencias.

4. Un «mercado puro» no funciona. El libre mercado no es simplemente la institución económica más eficaz, sino la forma de organización más conforme a la dignidad humana. Solo en libertad pueden desarrollarse iniciativas creativas, pueden expresarse las preferencias individuales de ocupación y de consumo, pueden asociarse las personas libremente en

unidades productivas puestas en marcha por ellas mismas. Solo un mercado libre es un mercado ético. Pero vale también lo inverso: solo un mercado ético es un mercado libre. La libertad del mercado no es un mero hecho económico, sino un logro cultural. Para ser libre un mercado necesita normas jurídicas, virtudes éticas y una cultura de la creatividad, del trabajo y de la empresa. La ética es una parte integral de la economía, que la estructura desde dentro. No es un factor opcional que se podría añadir después como si fuera una salsa. Sin un código ético compartido no existe verdadera confianza, y sin confianza falta el capital social más importante para una sociedad. Confianza es condición para los intercambios económicos que requieren crédito, pago a plazo, cooperación, etc. Para generar confianza en el seno de una sociedad no basta que los comportamientos de los demás sean previsibles. Si se prevé que los demás frecuentemente engañan a sus clientes, eso no crea confianza sino precaución. Para tener confianza mutua ambas partes deben mantener sus promesas, cumplir sus deberes: en una palabra, ser fiables. La confianza se merece cuando hay constancia en el cumplimiento de las promesas, lealtad probada. También el Estado juega un papel importante mediante la implementación de las leyes de justicia que protegen la propiedad privada, aseguran el cumplimiento de los contratos y el resarcimiento de daños, y garantizan las libertades individuales. Además, el Estado ofrece una red de seguridad social mínima para preservar a personas que no pueden trabajar, por enfermedad, edad o coyuntura, de la miseria. Sin esa red, pocos se atreverían a moverse con soltura en las alturas de la vida, por miedo a estrellarse. Sin embargo, no es fácil mantener el equilibrio entre ofrecer una red de seguridad y crear un sistema social que desincentive los esfuerzos de los individuos. En Europa, en casi todos los países, y ahora también en Estados Unidos, se han creado sistemas «asistencialistas» que crean «Estado-dependencia» y quitan la alegría del éxito personal merecido.

5. Ya siendo Arzobispo de Buenos Aires, el cardenal Bergoglio levantaba su voz con energía contra la corrupción. La corrupción no se puede perdonar, se debe sanar[4]. En *Evangelii gaudium* pide que se erradique la corrupción de la economía. De hecho, la corrupción destruye el libre mercado. En sistemas corruptos no se premia el esfuerzo, porque el premio lo recibe no el que ha usado del modo mejor y más responsable los recursos económicos escasos, sino el favorecido. En una sociedad corrupta, no existe competencia leal en la que los consumidores eligen a través de sus compras a quien mejor sirve sus necesidades materiales: todo queda en manos de los clientes del político o cacique local. La corrupción despilfarra medios económicos de modo no productivo, y empobrece así a la sociedad. Debilita y socava el bien común. Realmente, es el cáncer de la economía: como las células cancerígenas consumen las fuerzas vitales, así la corrupción desvía las energías del cuerpo social y, de modo parasitario, los quema sin permitir que produzcan un efecto benéfico para los demás.

6. Otro ideal que el Papa propone es un nuevo modo de concebir la competencia, elemento fundamental para la libre economía, que baja los precios y hace asequible los bienes y servicios a los pobres. La competencia leal siempre y necesariamente baja los precios. Además, estimula la creatividad, el deseo de llegar antes que el competidor y ofrecer nuevos productos y mejores. Al inicio, cuando se introduce un producto, el precio puede ser alto porque el inventor conserva su

---

[4] Cfr. Jorge BERGOGLIO, *Corrupción y Pecado. Algunas reflexiones en torno al tema de la corrupción*, Buenos Aires: Editorial Claretiana, 2006.

patente y tiene una posición de monopolio. Pero en cuanto hay competidores, los precios disminuyen y el producto se hace asequible. Lo que era lujo acaba siendo estándar normal: coches, frigoríficos, teléfonos móviles, etc. Todos al comienzo eran productos que solo los ricos se podían permitir, pero hoy en día definen la cultura occidental en su dimensión tecnológica. La competencia puede ser dura: una empresa que tiene costes demasiado altos se hundirá, y otra ocupará su sitio en el mercado. Para el empresario hundido parece injusto: tanto dinero invertido, tantos esfuerzos en vano; sin embargo, ya san Bernardino de Siena dijo que para el bien común hay que permitir que las empresas menos eficientes se hundan. Así se limpia la economía y se asegura el mejor uso de los recursos.

Por otro lado, la competencia tiene límites. Hay dos modos para ser mejor que otro: o serlo de verdad, o hacer trampa y denigrar al competidor. Hacer trampa daña al consumidor, es una forma de competencia desleal; y denigrar a otro es una forma destructiva de competencia. La Doctrina Social de la Iglesia pide una competencia constructiva del bien común, no su destrucción. Es tarea de cada empresario y manager ponerlo individualmente por obra, pero también el Estado, en su legislación, debe vigilar que todos se atengan a las reglas del juego.

La caridad es el principio social que propaga un ambiente constructivo de competencia, en lugar de una competencia destructiva. En la Biblia, hay dos pares de hermanos que ejemplifican las dos formas de competencia de modo paradigmático. En ambos casos, los hermanos eran competidores: Jacob y Esaú, y Caín y Abel. En la primera pareja, Jacob consigue ganar la competencia por la primogenitura: es él y no su hermano quien recibe la bendición de su padre. Además, lo hace con astucia, usando todos los medios disponibles. Pero no mata a su hermano, le deja vivir. Es más, le da grandes regalos y le deja buenos pastos. En la otra pareja, en cambio, el competidor que se libera del contrincante no consigue vivir la fraternidad: mata a su hermano Abel. Esa es la competencia destructiva, fratricida, que no debe haber tampoco en nuestra economía: sí se puede expulsar a otros del mercado, en honesta lid, ofreciendo productos y servicios mejores, pero nunca se debe olvidar que el otro es también un hermano, y no una mercancía. Eso vale en relación a otros empresarios y a los propios obreros y empleados. Para la relación con otros empresarios, las hermandades comerciales del pasado pueden contener una lección también para el día de hoy: se unían en una hermandad los que pertenecían a un género de producción (los sastres, carpinteros, herreros, etc.). Seguían siendo competidores, pero en caso de enfermedad, muerte, etc., se ayudaban mutuamente. La misma preocupación social se debe dirigir a los propios obreros y a los trabajadores o empleados en general: las personas no son cosas, no son fungibles, tienen una dignidad. No es suficiente conformarse con los efectos macroeconómicos positivos cuando se hunden empresas improductivas: están en juego la supervivencia y la felicidad de personas y familias; y hacen falta los instrumentos para ayudar a encontrar un trabajar nuevo. Gracias a Dios, en el mundo occidental se han creado muchas instituciones de este tipo, aunque el desempleo sigue siendo acuciante en algunas regiones.

7. Otra cuestión que el Papa Francisco pone a nuestra consideración es que el dinero es un medio y no un fin. Por lo tanto, las finanzas deben servir a la economía real. San Bernardino de Siena ha llamado al dinero la «sangre de la sociedad», que debe circular y fluir hacia el corazón para mantener el cuerpo en buena salud. Con esta imagen, podemos tratar

de describir la causa de las dificultades económicas actuales como envenenamiento de la sangre o, al menos, como una enfermedad cardio-vascular. El sistema financiero necesita ser purificado de los elementos pecaminosos que lo han desviado de su esencia como servicio a la economía real.

La verdad y la justicia requieren que, ante todo, afirmemos la bondad fundamental del sistema económico y financiero occidental como es y como está. Sería injusto acusar a todo el sistema, como tal, de ser inhumano, explotador, corrupto, etc. Por el contrario, es un verdadero «bien público», en el sentido de Adam Smith, cuando cumple su función de procurar el capital necesario para el desarrollo de la economía. El primer paso en el proceso de transformación cultural de la economía, en que consiste la nueva evangelización, es amar la cultura, la sociedad, la gente y las estructuras en las que vivimos. La nueva evangelización no significa la destrucción de lo que existe, sino su transformación, la purificación de nuestro sistema económico de los elementos pecaminosos y diabólicos que desafortunadamente también contiene. Evangelizar la economía y el mundo de las finanzas no significa sustituir la realidad existente por otra cosa, tal vez con una versión «religiosa» o «confesional» de la economía. Semejantes intentos nos abocarían al desastre.

Una actitud negativa o acusatoria por parte de la Iglesia ofendería y alejaría a tantas personas de buena voluntad que trabajan en las finanzas y en la economía. Haría parecer irrelevante la Doctrina Social de la Iglesia a los ojos de los expertos. Es muy importante tomar en serio lo que tantas veces afirma el propio Magisterio de la Iglesia: no ofrece soluciones técnicas[5]. Deberíamos cuidarnos de entrar en demasiados detalles,

---

[5] Por ejemplo, la encíclica *Caritas in veritate*, n. 9.

y dejar más bien a los especialistas que trabajan en la esfera económica que sean ellos quienes apliquen los principios de la sabiduría cristiana a su realidad. Solo ellos entienden plenamente los mecanismos del mundo financiero y, por tanto, son capaces de descubrir sus elementos moralmente relevantes[6]. Habiendo dicho eso, sin embargo, me parece necesario repensar la estructura legal de Wall Street y el modo en que los mismos operadores financieros entienden su propio trabajo: debe haber una mayor convicción acerca de la necesidad intrínseca de la ética y de las virtudes para la bondad del propio quehacer económico-financiero. Habría que dedicar reflexión, estudio y también una comunicación convincente sobre la integración de la dimensión ética como parte necesaria de la epistemología económica y de la *agency* en la economía. Los médicos, por ejemplo, han logrado algo que aún falta en el mundo económico y financiero: en la mayoría de los hospitales hay comités éticos, que deliberan y deciden sobre las difíciles cuestiones implicadas en la biotecnología moderna; hay reuniones internacionales de médicos sobre las implicaciones de la bioética. En el mundo financiero, en cambio, sí existen *compliance officers*, códigos éticos, etc. Pienso que sería el momento de hacer algo análogo a los *UN Guiding Principles on Business and Human Rights* para las finanzas[7].

---

[6] Sigue siendo válido lo que Benedetto Cotrugli escribió en 1458: «Soy un comerciante y entiendo el arte del comercio. A pesar de eso, tardé dos años de práctica para entender cómo funcionan los cambios. Así que, no se sorprendan los teólogos si escribo audazmente, es imposible que ellos entiendan el tema y juzguen solo por lo que les han dicho otros. Son como ciegos que hablan de colores» (Benedetto COTRUGLI, *Il libro dell'arte di mercatura*, a cura di Ugo Tucci, Venezia: Arsenale Editrice, 1990, l. 1, c. 11; 167f. La traducción es mía).

[7] Cfr. el interesante libro de John Gerard RUGGIE, *Just Business. Multinational Corporations and Human Rights*, New York, London: Norton, 2013.

8. Quizás el octavo llamamiento resuma la postura de fondo del Papa en su deseo de evangelizar la cultura contemporánea: liberarse de la idolatría del dinero, colocando los valores espirituales por encima de la riqueza material y superando de este modo el materialismo práctico. Juan Pablo II en una ocasión dijo que él había visto el colapso del comunismo, y su sucesor vería el colapso del capitalismo. Se refería al capitalismo malo, como él mismo lo había definido en sus encíclicas. A esa nueva orientación está contribuyendo el Papa Francisco, por ejemplo en su mensaje al *World Economic Forum* en Davos: «Sin ignorar, por supuesto, los requisitos específicos, científicos y profesionales, de cada sector, os pido que os esforcéis para que la humanidad se sirva de la riqueza y no sea gobernada por ella» (Mensaje, 17 de enero de 2014). La formulación deja amplio espacio a la autonomía económica, no intenta meterse donde no tiene competencia, pero formula un fin que hay que conseguir. Un modo concreto de colocar los valores espirituales por encima de todo lo material es considerar constantemente la forma de abordar las necesidades de los pobres a través de la preocupación efectiva por ellos, y poner el propio quehacer económico al servicio de ese deseo.

3. La pobreza y la inclusión de los pobres en la economía

Como ya se ha dicho, el amor del Papa Francisco por los pobres se inserta plenamente en el programa de transformación cultural en que consiste la nueva evangelización. La cultura cristiana, y por lo tanto también la transformación cultural en sentido cristiano, empieza con el amor a los pobres. Se hace necesaria una reflexión sobre la pobreza; y sobre la inclusión de los pobres en la economía.

a) La pobreza tiene una dimensión subjetiva y una dimensión objetiva

La pobreza en su dimensión objetiva se mide por criterios externos y objetivos, como la posesión de medios e ingresos u otros criterios. A su vez puede ser relativa o absoluta. La pobreza objetiva relativa se da cuando unos tienen más que otros. Los que tienen menos se considerarán pobres en comparación con los que tienen más («los ricos»), aunque en comparación con países en vías de desarrollo puedan estar mucho mejor «los pobres» en los países ricos que «los ricos» en los países pobres. «Los pobres» y «los ricos» no se dan cuenta: el espolón de la desigualdad duele mucho, acuciado por la insaciabilidad humana. Aunque todos tengan suficiente para comer y para vestir, dispongan de un lugar digno de vivir, reciban educación, etc., siempre habrá otros que tengan mejor comida, vestidos más caros, casas con aire acondicionado y piscina en su jardín, etc. Y lo mismo vale para los de la clase social más adinerada: sus deseos vuelan aún más alto, y se comparan con los que tienen más que ellos. No hay fin para la insaciabilidad humana. Y tampoco es malo aspirar a más. Ese deseo es un motor del progreso humano. El problema estriba en el afán desmedido de buscar siempre más cosas sin saber cuándo se ha llegado al fin, y sobre todo en el error de buscar la felicidad en la posesión de bienes materiales. De todos modos, como ya se ha dicho anteriormente, no se debe identificar la lucha contra la pobreza con el intento de extirpar la desigualdad (la pobreza objetiva relativa), porque esta existirá siempre y en todos los lugares.

En cambio, la pobreza objetiva absoluta es la falta de recursos materiales necesarios para una vida humana digna. Por supuesto, la medida de lo que se considera necesario en este sentido puede variar y, de hecho, cambia: en siglos pasados, con alta mortalidad, higiene precaria y alimentación deficitaria, nuestro estándar de vida habría parecido un lujo. Sin embargo, a pesar de la relatividad del concepto del bien «necesario», no existe duda alguna acerca de la definición de la pobreza objetiva absoluta, cuando una persona o una familia no es capaz de sobrevivir. La pobreza objetiva absoluta condena a los pobres a la miseria: al hambre permanente, a la enfermedad sin medicina, a la mortalidad infantil y a otros males de los que los mismos afectados no parecen capaces de liberarse. Ese tipo de pobreza es evitable. Su existencia es una estructura de pecado que clama al cielo y reclama la reacción de la conciencia humana. De hecho, gracias también a la globalización económica y a la riqueza creada por el libre mercado, en las últimas décadas, la pobreza objetiva absoluta ha disminuido notablemente. Antes se solía definir la pobreza en términos cuantitativos (por ejemplo, por una cantidad mínima de dinero por persona por día, de modo que se consideraba pobre a quien estaba por debajo de esa cantidad); hoy en día, se suele hacer hincapié en el hecho de estar excluido de la posibilidad de ganarse el pan por el propio trabajo. Pobreza objetiva absoluta consiste en estar relegado estructuralmente en una situación miserable y estar excluido de la posibilidad de desarrollo. Esa parece ser la definición de pobreza usada por el Papa Francisco: «Y no existe peor pobreza material, me urge subrayarlo, que la que no permite ganarse el pan y priva de la dignidad del trabajo» (Discurso, 25 de mayo de 2013). La pobreza objetiva absoluta es un mal objetivo y una condición terrible para muchas familias.

La dimensión subjetiva de la pobreza consiste en la renuncia voluntaria a medios materiales, practicada por quien quiere seguir a Cristo a través de la virtud de la pobreza. Es el desapego interior de los medios utilizados, la modestia, e incluso la austeridad en las necesidades personales. Esto implica que los medios están disponibles, pero la persona que practica la pobreza de espíritu renuncia a utilizarlos para sí misma.

En su corazón de Pastor, el Papa Francisco lleva la preocupación por ambas dimensiones de la pobreza, pero su interés principal se refiere a la pobreza subjetiva. Su fuerte énfasis sobre la pobreza está orientado hacia los cristianos en los países ricos, y por lo tanto, a la pobreza subjetiva que hemos de recuperar o mantener. Es el mensaje que necesita el mundo occidental, fuertemente afectado por el materialismo práctico, que lleva al olvido de Dios. El Papa está enfocando las energías de la Iglesia sobre este mensaje, y le da dos matices particulares.

Cuando desea una «Iglesia pobre para los pobres», no está pensando en una Iglesia —nos atrevemos a interpretar sus pensamientos— desprovista de todos los medios materiales. Si él realmente quisiese esto, tendría que dejar también su humilde habitación en la Casa Santa Marta, porque pertenece a la Santa Sede, o cancelar todos sus viajes. Pobreza subjetiva no es lo mismo que pauperismo, no significa hacerse «mendigos espirituales», como el mismo Papa ha dicho (Discurso, 17 de junio de 2013). Una Iglesia pobre es una Iglesia que pone todo los medios materiales al servicio del Evangelio, la liturgia y la caridad para con los pobres. Ser una Iglesia pobre es un desafío constante, que nunca llegará a su fin. Se requiere una vigilancia constante y la adaptación a las circunstancias cambiantes.

Las dos matices particulares que el Papa confiere a la pobreza subjetiva son: 1) el vínculo entre la pobreza subjetiva y la esperanza, y 2) la conexión entre la pobreza subjetiva y aquella objetiva.

¿Por qué están vinculadas la esperanza y la pobreza subjetiva? Porque la pobreza subjetiva o el espíritu de pobreza son un antídoto contra la acedia, y la acedia es un tipo de falta de esperanza. Lo que falta en el mundo occidental es la esperanza. Nuestra civilización se encuentra en un estado de acedia colectiva. La acedia es una especie de aburrimiento de las cosas de Dios, un cansancio espiritual, una parálisis en vista del bien por el sacrificio que supone. Ese estado de acedia lleva a buscar su propia felicidad fuera de la dimensión espiritual y fuera de Dios, especialmente en los placeres sensuales y en la posesión de dinero. En lugar de beber del manantial puro, se empieza a lamer el agua turbia de un charco tratando de saciar la sed del Dios vivo en su reflejo en las criaturas. A eso se refiere el Papa Francisco con palabras incisivas: «¡No os dejéis robar la esperanza! Por favor, ¡no os la dejéis robar! ¿Y quién te roba la esperanza? El espíritu del mundo, las riquezas, el espíritu de la vanidad, la soberbia, el orgullo. Todas estas cosas te roban la esperanza. ¿Dónde encuentro la esperanza? En Jesús pobre, Jesús que se hizo pobre por nosotros. (...) No se puede hablar de pobreza, de pobreza abstracta, ¡esta no existe! La pobreza es la carne de Jesús pobre, en ese niño que tiene hambre, en quien está enfermo, en esas estructuras sociales que son injustas. Ir, mirar allí la carne de Jesús. Pero la esperanza no os la dejéis robar por el bienestar, por el espíritu de bienestar que, al final, te lleva a ser nada en la vida. El joven debe apostar por altos ideales: este es el consejo. Pero la esperanza, ¿dónde la encuentro? En la carne de Jesús sufriente y en la verdadera pobreza. Hay un vínculo entre ambas» (Discurso, 7 de junio de 2013).

Y ¿cómo se conecta la pobreza subjetiva, como virtud personal e individual, con la pobreza objetiva absoluta de los necesitados? No se puede practicar la pobreza como una virtud «subjetiva» en el sentido individualista y puramente personal de la palabra. «La pobreza teórica no nos sirve. La pobreza se aprende tocando la carne de Cristo pobre, en los humildes, en los pobres, en los enfermos, en los niños» (Discurso, 8 de mayo de 2013). Aprendemos la pobreza «con los humildes, los pobres, los enfermos y todos aquellos que están en las periferias existenciales de la vida» (Discurso, 8 de mayo de 2013). El Papa se muestra contundente: «No podemos volvernos cristianos almidonados, esos cristianos demasiado educados, que hablan de cosas teológicas mientras se toman el té, tranquilos. ¡No! Nosotros debemos ser cristianos valientes e ir a buscar a quienes son precisamente la carne de Cristo, ¡los que son la carne de Cristo!» (Discurso, 18 de mayo de 2013).

Sin embargo, vale la pena recordarlo, estas palabras reflejan no solo la indignación del Papa por el sufrimiento injusto de muchos. Sus palabras son una llamada a nuestra fe en el carácter sobrenatural de la Iglesia y su misión de difundir el Evangelio. La tarea misionera no se emprende por la fuerza y con recursos humanos, con dinero o poder. No debemos confundir la predicación de Cristo con la eficacia político-social. El Evangelio se propaga a través del amor fraterno y solidario, desde dentro de la vida misma de la sociedad y desde abajo (Ref. Discurso, 18 de mayo de 2013).

b) Una pobreza laical

Tal vez la comprensión de lo que significa la pobreza se hace difícil para un laico si se reduce a un modelo que solo se ajusta a la vida religiosa, configurada por los votos públicos de la obediencia, la pobreza y la castidad. Una persona en medio del mundo no puede vivir la pobreza de la misma manera que un religioso, que no quiere poseer nada. Pero no por eso el cristiano corriente debería conformarse con una santidad menor o sentirse menos obligado a vivir las virtudes que corresponden al consejo evangélico de la pobreza. En la tradición franciscana medieval se daba una especie de «pauperismo» que tachaba de avaricia la búsqueda de beneficio económico y despreciaba la belleza y la magnificencia pública y privada. Fueron los humanistas renacentistas, que reivindicaban un concepto laical de la vida civil, quienes definieron una nueva relación entre cultura y fe. En un largo proceso histórico, con muchos altibajos, se ha llegado a apreciar la importancia de las instituciones de la política y la economía liberales en la actualidad. Ciertamente, en su desarrollo no han faltado intentos fallidos, pero que han contribuido con intuiciones preciosas, como la distinción entre lógica, política y ética individual de Maquiavelo, y la captación del posible efecto social positivo de actos viciosos individuales de Mandeville. Hacía falta la purificación y la transformación cultural de esos conceptos. En cuanto al modo en que un seglar se relaciona con los bienes terrenos, fue sobre todo san Josemaría quien ha plasmado no solo un concepto de pobreza adaptada a los laicos, sino una pobreza auténticamente laical. Para él, los votos no eran necesarios para vivir la pobreza, sino las virtudes. En sus consejos se percibe una especial cercanía a la ética de las virtudes de santo Tomás. De hecho, el Doctor universal no conoce una «virtud de la pobreza». Para él, la pobreza es un consejo evangélico, asumido por voto público, que en la *Summa theologiae* trata en las cuestiones referentes al estado de perfección (la vida de los religiosos). En santo Tomás, las virtudes correspondientes que se refieren al dinero son la liberalidad y la magnificencia. La liberalidad (también generosidad) es la virtud que hace gastar bien el dinero: gastarlo cuando conviene y en la cantidad que se debe, y no gastarlo cuando no conviene. Es la virtud que evita el desperdicio y el despilfarro, por una parte, y la codicia por otra. La magnificencia es la virtud que nos lleva a gastar grandes recursos, si son necesarios para llevar a cabo grandes hazañas virtuosas, sobre todo para el bien común. Hoy lo llamaríamos el valor de asumir riesgos económicos para afrontar grandes proyectos.

Ya los paganos conocían y practicaban estas dos virtudes. Para los cristianos se agregan dos elementos más. El primero es una actitud que en el Magisterio contemporáneo se llama el amor preferencial, pero no exclusivo, por los pobres. Es una característica común de la Biblia y de los Padres de la Iglesia que la preocupación social y operativa de los cristianos se deba prestar especialmente a los débiles, los enfermos, las personas que están en la periferia de la existencia humana.

El segundo es el despego interior de todo, excepto de Dios, que Jesús exige de los que le sigan. Este es el significado de la parábola del ojo de la aguja: hay que liberarse de todo para poder pasar por esa estrecha puerta. Al Cielo se llega solo «sin equipaje». San Josemaría solía dar algunos criterios concretos para quien vive en medio del mundo, aspira a vivir con un cierto bienestar y para ello tiene que usar medios materiales: no tener cosa alguna como exclusivamente propia, sino considerarse administrador de ella; no tener nada superfluo; no quejarse cuando falta lo necesario, siempre que se ha hecho un esfuerzo para procurarlo; cuando se trata de elegir algo para uso personal, elegir lo más pobre, lo menos simpático, si nadie lo nota ni se lesionan derechos de otros, por ejemplo de la propia familia.

La pobreza subjetiva, entendida como despego interior, y el amor a los pobres en sentido objetivo absoluto, son la clave para superar la crisis y mantener la salud espiritual de Occidente.

CONCLUSIÓN

La libertad que el Espíritu del Señor nos da nos deja también libres de la idolatría del dinero y de la trampa de confiar exclusivamente en medios materiales para lograr nuestra felicidad. La fe cristiana nos ayuda a descubrir que las estructuras y las instituciones que configuran nuestro sistema económico son un efecto colateral no intencionado de algo mucho más grande.

De modo análogo a como Josef Pieper entiende la cultura como fruto y resultado del ocio (en el sentido de la libertad del activismo), la civilización occidental es el resultado de la intención de lograr algo distinto de sí misma. La tesis, con que se acaba esta reflexión, es que la civilización occidental, con sus instituciones económicas, financieras y políticas, es un efecto colateral de la contemplación. Con el fin de recuperar el recto ordenamiento de la economía, hemos de volver a ser contemplativos.

¿Qué es la contemplación? Es la actitud de quien acepta la verdad tal como es, sin manipularla para alcanzar su propia versión de ella: la contemplación observa en silencio y se sorprende de lo que contempla. La contemplación no es compatible con la reducción de la razón a su dimensión científico-técnica: la contemplación desea saber cómo y por qué son las cosas, no solo cómo funcionan o para qué se pueden utilizar. Una persona contemplativa no se basa exclusivamente en su propio esfuerzo creador, productivo y manipulador, sino que está abierto al don de la verdad, al otro y a Dios, a la trascendencia. La contemplación abre a la persona y a la sociedad hacia el Salvador. Es excéntrica, coloca el centro de la persona fuera de sí misma.

Rémi Brague caracteriza la esencia de Europa con el concepto de *«romanitas»*, y acude al símbolo del acueducto: un puente que une y supera la división cultural. La *«romanitas»* de Europa subraya que nuestra cultura ha estado y está al servicio de la mediación y de la transmisión. Los romanos eran conscientes de que estaban en deuda con los griegos, y que los bárbaros, a su vez, habían recibido esta herencia de ellos, de los romanos. Con el fin de permitir que el agua fluya, un acueducto debe estar ligeramente inclinado: ambos extremos no pueden estar en el mismo nivel (culturales). Esto permite la conciencia de ser a la vez superiores e inferiores: podemos transmitir algo solo en la medida en que nos sabemos transmisores de algo que hemos recibido. El cristianismo ha transformado la *«romanitas»* por su concepción del sacramento y la ha elevado a la dimensión de la gracia. Al igual que un acueducto, la sacramentalidad de la Iglesia, con su majestuoso arco, cubre el abismo que separa el cielo de la tierra. Es un símbolo real para una dimensión mayor, celestial, invisible. Muestra algo más allá de sí mismo, es excéntrico. La excentricidad de la civilización occidental, y por ende la misma civilización occidental, deriva de su orientación hacia otra cosa, hacia alguien totalmente otro, hacia Dios. Nuestras instituciones económicas, financieras y políticas en Occidente han surgido de esta devoción amorosa a Dios, y se han formado de una manera espontánea, incluso juguetona.

Ya se ha hecho referencia pormenorizada al ejemplo de la ética económica franciscana y a la de otras órdenes religiosas: el voto de pobreza los consagraba a Dios, y, sin embargo, o más bien por eso, descubrieron elementos esenciales de la vida económica moderna y contribuyeron de manera decisiva a la superación de la prohibición canónica que consideraba el interés como usura. Y eso tuvo lugar como un efecto colateral no intencionado. Lo mismo es cierto para nuestras instituciones políticas occidentales. Ciertas órdenes religiosas, en particular los Cistercienses, fueron las únicas instituciones de la Edad Media (con excepción de la República de Venecia y de los Comuni del norte de Italia) gobernadas según principios democráticos. Por falta de cualquier otro modelo, la Asamblea Nacional de la Revolución Francesa adoptó las reglas cistercienses de procedimiento para sus deliberaciones.

El objetivo de estas instituciones monásticas siempre era algo más grande: el servicio a Dios. *«Nihil operi Dei praeponatur»:* nada es más importante que la oración, dice san Benito en su Regla. Sin embargo, en ella, Benito no solo prescribe el trabajo serio y la oración, sino también la siesta que se dormía después de una buena comida, quizás con una copa de champagne, otra invención benedictina legada al mundo. La cultura occidental refleja la sonrisa de Dios, llena de bondad y de comprensión, sobre la humanidad. Todo nos recuerda inconscientemente sus orígenes religiosos. Por tanto, no se puede estar de acuerdo con Jacques Delors, quien en 1992 dijo que tendríamos que dar un alma a Europa. Ya la tiene: basta redescubrirla.

La crisis en la que nos encontramos es una crisis cultural de Occidente. Podemos hacerle frente a través de un programa de transformación cultural, que Juan Pablo II y sus sucesores han llamado una «nueva evangelización». El enfoque de Roger Scruton (y de modo semejante también de Marta Nussbaum) identifica este programa con la protección de nuestra cultura contra su auto-destrucción por corrosión interna, y contra la aniquilación a través de ataques externos. En el caso de Occidente, la autodestrucción interna surge de un cierto resentimiento hacia el pasado: los valores cristianos son o asociados con recuerdos desagradables, como la Inquisición o las Cruzadas, o ridiculizados como patrimonio de «varones blancos muertos». Al mismo tiempo, en Europa estamos ansiosos e inseguros acerca de nuestro futuro. En marzo de 2013 tuve la oportunidad de experimentar la cultura de la joven y vibrante costa occidental canadiense. Me quedé sorprendido de que, como en Europa, los canadienses también contemplen su pasado con incertidumbre, especialmente en cuanto al tratamiento de las «primeras naciones». Pero sin embargo son muy seguros respecto al futuro. No se puede decir lo mismo de Europa o de Occidente en general: no estamos tan seguros de nuestro futuro.

En lo que se ha dicho hasta ahora, no se ha hecho ninguna distinción entre Europa y Estados Unidos. Muy a propósito: Estados Unidos no podrá salir de la crisis cultural sin revitalizar sus propias raíces culturales, que están en Europa. Del mismo modo, Europa no puede salir de la crisis de la civilización occidental sin América, porque Estados Unidos es el líder cultural determinante en Occidente.

¿Cómo podemos renovar la jerarquía de valores y superar la crisis económica? Estoy convencido de que es posible, pero solo si volvemos a descubrir lo que significa ser contemplativo, porque nuestra economía y nuestra sociedad son un efecto colateral de la contemplación, es decir, un fruto de la espiritualidad cristiana. En otras palabras, quien quiera salvar la economía solo para el bien de la economía va a fallar, quien solo quiera hacer dinero por el dinero será infeliz.

Cuando políticos como Guido Westerwelle y los autores del Tratado de Lisboa dicen que los valores europeos son valores de la Ilustración, y no de la fe cristiana, cometen el mismo error que Kant: quieren valores cristianos sin Cristo. Esto no funciona. Pierre Manent ha hablado de la «religión de la ausencia de Dios que está destruyendo y desmoralizando a Occidente». Tiene razón. Yo más bien tiendo a estar de acuerdo con Viktor Orbán, que ha dicho que Europa se recuperará económicamente solo si vuelve a los valores cristianos. Charles Taylor ha dicho lo mismo en términos más académicos: prevé una debilitación de la narrativa secular entendida como una historia de substracción, porque la teoría de la extinción de la religión sencillamente se ha hecho inverosímil. Lo que escribió en 2007, unos años más tarde, lo podemos solo confirmar: la religión tiene futuro en la civilización occidental.

¿Cómo podemos renovar la jerarquía de valores y superar la crisis económica? Repito la pregunta intencionalmente. Creo que la «caridad en la verdad» (*«Caritas in veritate»*) es la respuesta. La caridad como principio social es la contribución más importante del humanismo cristiano a la sociedad. La virtud teologal de la caridad, focalizada en los pobres, está en el centro del esfuerzo por implantar el humanismo cristiano. La práctica desinteresada de la caridad cristiana logrará la restauración integral de la persona humana, que es el objetivo del humanismo cristiano. Sin embargo, ¿cómo se infunde caridad en las instituciones sociales jurídicas? No es posible hacerlo directamente. La caridad se puede infundir en la sociedad por medio de la alineación de las instituciones con los grandes principios de la doctrina social católica: la justicia, la dignidad humana, la solidaridad y la subsidiariedad, impulsadas desde dentro por la «fuerza salvaje» de la caridad. En este sentido, el humanismo cristiano, inyectando en la sociedad la presencia viva de Cristo, es un «elemento perturbador». En una visión cristiana del mundo, «la santidad viene antes que la paz» (John Henry Newman), y las «minorías proféticas» de Maritain son realmente las «minorías de choque». Para sobrevivir, libre y democráticamente, nuestras sociedades liberales necesitan el influjo de la caridad, que arroja luz sobre los que sufren en la oscuridad, da voz a aquellos que son incapaces de expresarse en sus gritos de dolor, y reconoce la eficacia jurídica de sus peticiones.

Jesús no dio instrucciones a sus apóstoles de construir una economía cristiana o un Estado cristiano temporal. Jesús los envió al mundo como testigos de su resurrección. ¿Dónde está Dios, dónde está Cristo hoy? Donde siempre estaba: en el corazón de su gente, en sus labios y en sus vidas. Por tanto, podemos estar seguros de que el Espíritu de Dios ya está haciendo «nuevas todas las cosas». La crisis se superará y la jerarquía de valores se renovará a partir de la vida contemplativa de los laicos en medio de la vida económica: de su corazón brotará la energía y la salud espirituales para superar la crisis.

Este libro, publicado por
Ediciones Rialp, S. A.,
Alcalá, 290, 28027 Madrid,
se terminó de imprimir
en Gohegraf, S. L.,
Casarrubuelos (Madrid)
el día 2 de febrero de 2015.